# 베냉,

우리가 몰랐던 아프리카

# 베냉,
## 우리가 몰랐던 아프리카

### 서아프리카를 비추는
### 작지만 큰 거울

아프리카마치Africa March

AFRICA
MARCH

 카보베르데와 에스와티니에 이어 아프리카마치가 세 번째로 선 보이는 나라는 '베냉(République du Bénin)'입니다. 1600년경에 세 워진 다호메이 왕국(Royaume de Dahomey)이 뿌리인 베냉은 1894 년에 프랑스령 다호메이(Colonie du Dahomey)가 되었다가 1960 년 다호메이 공화국(République du Dahomey)이라는 이름으로 독 립, 1975년에 베냉 인민공화국(République populaire du Bénin)이 되었습니다. 지리적으로 서아프리카 나이지리아와 토고 사이에 위 치한 베냉은 기니만(Gulf of Guinea)과 접하면서 내륙 방향으로 길 게 뻗어 들어간 나라입니다. 프랑스 식민 통치의 영향으로 공용어 는 프랑스입니다. 다양한 '밈(Meme)'을 통해 사람들에게 익숙해진 좀비의 근원인 '부두교' 발생지이며 여전사 왕국으로 서방세계에 그 용맹을 떨쳤지만 '노예의 길'과 '노예항'으로 알려진 서글픈 역 사 또한 공존하는 나라입니다.

 베냉을 선택하고서도 저희 아프리카마치의 구성원은 많은 고민을 했습니다. 사전조사를 통해 이 나라의 매력은 인지했지만 일반 독자들에게 베냉을 알려야 할 특별한 이유가 있을까? 앞선 카보베르데와 에스와티니의 경험을 통해 한 나라의 매력과 그 나라가 가진 이야기가 매우 중요한 요소라는 것을 확인했지만, 수많은 서아프리카 국가들 중에 이 작은 나라 베냉을 우리가 알아야 할 나라로 독자들에게 소개해야 할 이유를 금세 찾지는 못했던 것이었습니다. 그런데 수차례 워크숍을 통해 베냉을 알아갈수록, 저희는 이 작은 나라가 마치 수많은 서아프리카 국가들의 대표인 것처럼 서아프리카의 여러 다양한 모습을 비추고 있다는 신기한 느낌을 갖게 되었습니다. 식민지배와 노예교역의 잿빛 역사는 기본이고, 머나먼 한국인들에게까지 향수를 불러일으키는 묘하게 아름다운 문화와 예술, 역사가 조명을 거두어들인 놀랍도록 멋진 사람들, 그리고 더 이상 변방에 머무르기를 거부하는 젊은이들의 기상까지, 베냉은 서아프리카의 다채로운 모습을 '작지만 큰 거울'이 되어 우리에게 보여주고 있었습니다.

이번에도 아프리카마치의 다섯 저자들은 베냉에 대해 특별히 관심이 가는 자신만의 주제를 탐색하여 자유로운 방식의 글쓰기로 기록했습니다. 첫 번째 글에서는 20세기 초 여러 대륙을 넘나들던 베냉의 한 흑인 인권운동가의 생애를, 두 번째 글은 베냉이 탄생시킨 부두교의 원형과 이에 관한 다채로운 이야기를, 세 번째 글은 베냉 친구가 만들어준 음식을 맛보며 느꼈던 감정과 소소한 단상들을 적어보았습니다. 네 번째 글은 베냉의 한 스타트업 CEO의 이야기를 통해 베냉을 비롯한 서아프리카 스타트업의 전반적 현황을, 마지막 글에서는 베냉의 뮤지션과 철학자와 함께 '월드뮤직'이라는 모순된 단어를 통해 보이지 않게 존재하는 식민주의를 살펴보았습니다.

"베냉, 우리가 몰랐던 아프리카: 서아프리카를 비추는 작지만 큰 거울"의 '몰랐던'이란 단어가 암시하듯 저희는 한국의 많은 독자들에게 베냉이 '몰랐던' 나라에서 '아는' 나라로 탈바꿈하면 좋겠다는 바람을 갖고 있습니다. 그러나 섣부르게 베냉을 충분히 이해했다며 독자들에게 이 나라가 얼마나 중요한 곳인지 알라고 강요하려 하진 않습니다. 예컨대 아프리카하면 자동으로 떠오르는 식민지배와 노예제의 역사를 구구절절이 살피며 착취와 저항의 구도로 유도하기보다는 역사 속으로 사라진 20세기 초 한 흑인 인권운동가의 치열했던 생애를 반추하며 식민지 지식인의 인간적 고뇌를 느끼고자 합니다. 베냉에서 생겨난 부두교를 다루는 방식도 비슷합니다. 베냉 사람들은 물론 세계 각지 흑인 디아스포라들에게 매우 중요한 영향을 미치고 있는 부두교는 그 밖의 사람들에게 단순한 흥밋거리로 소비됩니다. 역시 그런 시선을 가질 수밖에 없는 '한국인' 저자는 그 사실을 인정하며 부두교에 좀 더 가깝게 다가가 정확한 사실을 알리려고 애쓸 뿐이지요. 저희에게 중요한 것은 진지하게, 그리고 행복하게 베냉을 탐구하고 글을 쓰는 것이었습니다. 글을 마감하고 소회를 밝히는 자리에서 저희는 만족스러움을 표했고, 그 기운은 독자 여러분에게도 전달될 것이라 믿고 있습니다.

그럼에도 발간을 앞둔 지금, 뭔가 빠뜨린 건 없을까, 글의 진의가 잘못 전달되지는 않을까라는 걱정을 하게 됩니다. 하지만 시선 밖에 머물렀던 아프리카 국가들을 알리려는 아프리카마치의 의도와 순수한 열정이 오해를 살 일은 없을 거라 믿어 의심치 않습니다. 맨 처음 이 일을 기획했을 때는 우리만 열심히 하면 된다고 생각했는데 점점 독자 여러분의 관심과 공감이 얼마나 큰 힘이 되는 지를 느끼고 있습니다. 쉽지 않지만 재미있고 보람도 있는 이 길을 더욱 힘차게 걸을 수 있도록 저희도 다시 신발끈을 바짝 묶겠습니다.

2022년 여름에서 가을로 가는 길목에, 아프리카마치 일동

| 차례 |

# 다호메이의 잊힌 지식인, 코조 토발루 우에누

우리에게 낯선 베냉을 알리기 위한 첫 글로 아프리카마치는 과감하게 세계사의 뒤켠으로 사라진 한 흑인 운동가의 삶을 선택했습니다. "사람을 알면 그곳이 보인다"라는 말이 있죠. 흑인 운동가 이전에 그저 비범했던 한 사람의 모습을 '식민주의와 저항'이라는 구도에서 벗어나 인간적인 시선으로 들여다보면 어떨까요. 베냉에 한 발짝 다가설 수 있게요.

1923년 8월 4일 새벽 2시경, 프랑스 파리(Paris) 18구 몽마르트 (Montmartre)에 있는 카바레 엘가롱(El Garon)에 세련된 정장을 차려입은 흑인 남자가 문을 열고 들어갑니다. 카바레 안에는 사람들의 소음 뒤로 낭만적인 탱고 음악이 연주되고 있었지요. 지인의 집에서 저녁 식사를 마치고 온 흑인과 그 일행은 마지막으로 샴페인 한 잔을 즐기려고 합니다. 그 때 일행을 안내했던 웨이터가 다급히 그들에게 다가옵니다. 클럽을 가득 채우고 있었던 미국인들이 그들을 쫓아내 달라고 요청했기 때문이죠. 당시 미국에는 흑백 분리주의 정책이 시행되고 있었던 터라 미국인의 정서로는 공공장소에서 흑인의 출입을 거부하는 것이 당연한 권리처럼 여겨졌습니다. 분노한 흑인은 격렬하게 저항하지만 매니저와의 실랑이는 몸싸움으로 이어지고 결국 거리로 쫓겨나게 됩니다. 20세기 초 프랑스령 서아프리카 원주민의 인권을 옹호하고 범아프리카주의(Pan-Africanism)[1]를 전파한 이 흑인 남자의 이름은 코조 토발루 우에누 (Kojo Tovalou Houènou, 1887-1936)입니다.

토발루라는 인물은 꽤나 다양한 인물로 묘사됩니다-고상하고 유순한 지식인, 잘난 척 허세있는 사람, 파리 상류사회의 인사이더, 다호메이(Dahomey)의 철학자 혹은 뻔뻔한 야심가. 사실 그에게 따라붙는 이런 수식어들은 토발루라는 인간의 진정한 가치를 담기에는 그 언어의 무게가 너무 가볍습니다. 왕족의 후손으로 내뿜는 아우라와 타고난 웅변가로서의 모습이 그를 형용하는 위의 문구들과 크게 달라 보이지 않을지라도 말이에요. 그가 식민제국에 맞서는 흑인 운동가의 길을 선택하지 않았더라면 오늘날 우리는 베냉의 역사에서 더 쉽게 토발루의 이름을 마주칠 기회가 있었을지도 모르겠습니다. 어디에라도 족적을 남겼을 만한 인물이었으니까요.

토발루는 1887년 다호메이의 수도인 포르토노보(Porto-Novo)에서 태어났습니다. 오늘날 베냉의 역사에서는 다호메이 왕국이 유명하지만 1894년 다호메이가 프랑스에 점령되기 전까지 다호메이와 포르토노보는 서로 이웃하고 있는 왕국이었습니다. 포르토노보는 다호메이보다 훨씬 앞선 1863년에 프랑스 보호령이 되었는데요, 강국이었던 다호메이와 나이지리아에 주둔하고 있던 영국군 사이에서 양쪽의 침략을 피하기 위해 어쩔 수 없이 프랑스군의 주

---

1) 식민주의에 대한 흑인의 저항 운동은 정치, 사회, 문화에 걸쳐 다양한 모습으로 발전해왔으며 그 구체적인 형태로는 범아프리카주의와 네그리튀드(Négritude) 운동이 있다. 범아프리카주의는 전 세계에 흩어져 있는 흑인(흑인 디아스포라)들의 해방과 연대를 호소하고 흑인 의식을 고취하고자 하는 사상으로 1900년대 전후 영어권의 사회정치적 담론으로 시작해 1960년대에는 아프리카 국가들의 독립 및 통일기구 설립의 정신적 기반이 된다. 한편 네그리튀드는 1930년대 프랑스 식민지 출신 흑인 작가들을 중심으로 문학을 통해 흑인 고유의 정체성 복원을 강조하였으며 후에는 문화정치운동으로도 확대된다. 토발루는 네그리튀드 운동의 선구자로도 불린다.

둔을 허락할 수밖에 없었습니다. 이후 프랑스의 '다호메이 식민지와 그 속국'에 포르토노보가 편입되었고 1900년에 다호메이의 수도가 됩니다.

토발루의 어머니는 다호메이의 마지막 왕인 베한진(Béhanzin, 1845-1906)의 누이였습니다. 그러니까 토발루는 왕의 조카인 셈이지요. 1920년대 파리에서 본격적으로 활동하기 전 토발루는 보르도(Bordeaux)에서 약 11년간 유학생활을 합니다. 바로 이 시절에 그는 프랑스의 전형적인 부르주아적 생활양식과 문화를 습득하게 되지요. 토발루는 철학, 문학, 음악 등 그야말로 다양한 학문을 접하며 지적 충만을 만끽합니다. 대학에서 법학뿐만 아니라 의학

그림1. 다호메이 왕국과 포르토노보

도 공부한 덕에 제1차 세계대전 당시 프랑스군 의무병으로 자원해 복무하고요. 이듬해 겨울, 부상을 입어 의병 제대를 한 뒤에는 전쟁에 참전한 공을 인정받아 프랑스 시민권을 취득합니다.

앞으로 살펴볼 토발루란 인물의 인생은 시대와 공간의 역동성과 함께해야 그 모습이 더 잘 보일 것 같습니다. 이야기의 초점이 다호메이에만 머물 수 없는 이유가 있습니다. 그의 절반이 넘는 인생이 식민지 본국인

프랑스를 배경으로 하고 있고, 게다가 당시 베냉은 독립국가가 아닌 프랑스령 서아프리카로 통합된 피식민 외곽지역에 불과했기 때문입니다.

그림2. 포르토노보

## 아프리카 아이의 어린 시절 - 19세기 말 변혁의 다호메이

'코조(Kojo)'라는 이름은 아프리카의 관습에 따라 월요일에 태어난 아이에게 지어주는 이름입니다. 폰(Fon), 구엔(Guen), 아칸(Akan) 사람들은 아이가 태어난 요일과 성별에 따라 이름을 지어주었죠. 당시 다호메이에서는 가톨릭으로 개종한 사람들을 많이 볼 수 있었는데 토발루 가문도 예외는 아니었습니다. 그렇지만 개종을 했다고 해서 오로지 가톨릭만을 신봉하지는 않았어요. 가톨릭의 종교적 가르침을 존중하면서도 아프리카인들의 신앙과 전통적인 관습은 그대로 조화롭게 유지했습니다.

토발루가 태어나고 얼마 지나지 않아 가족은 다호메이 해안지역 폰 사람들의 관례에 따라 아그바사-이이(Agbassa-yiyi)라는 의식을 준비합니다. 모든 가족 구성원에게 갓 태어난 아이를 소개해주는 자리지요. 가문의 남녀 어르신들이 한 자리에 모이고 아이를 손에서 손으로 조심스레 전달합니다. 각자 아이의 얼굴을 잘 살펴본 후 아이가 가문의 조상 중에 누구와 비슷한 특징을 지녔는지 얘기합니다. 그리고 나서 죽은 자와 산 자, 그리고 신들 사이를 서로 연결해주는 중재자가 아기를 보호하고 후원해 줄 조상의 이름을 점찍어주지요. 이 조상 수호신은 아이가 태어날 때 아이의 영혼을 지상의 육체까지 잘 다다를 수 있도록 인도해주고 아이를 평생 지켜보며 지혜의 힘을 실어주는 분입니다.[2]

약 5주가 지나자 부모님은 그들이 결혼식을 올린 성모마리아 대성당(Cathédrale Notre-Dame de l'Immaculée Conception)에 토발루를 데려갑니다. 아버지와 친분이 깊은 마을의 유지(有志)였던 브라질인 부부가 토발루의 대부와 대모가 되어주었지요. 사람들의 축복 속에 아이는 마르코(Marcos)라는 세례명을 받습니다. 포르투갈 이름 마르크(Marc)와 비슷한 발음의 이름을 지어준 걸 보면 포르토노보에 브라질 문화의 색채가 얼마나 강했는지 알 수 있습니

2) Origunwa, Obafemi. (2015). Fundamentals of Òrìsà Lifestyle. Lulu.com. p.69.

다. 이렇듯 당시에는 포르투갈식 이름을 짓는 것이 관례였는데 몇 년 뒤 프랑스가 다호메이를 통치하면서 프랑스어 이름이 널리 쓰이게 됩니다. 다호메이를 물들였던 포르투갈 문화는 점차 프랑스적인 양식으로 대체되지요.

토발루의 아버지는 다호메이의 유력한 사업가였습니다. 어린 토발루가 관찰하는 세상은 아무나 누릴 수 없는 특혜로 가득한 곳이었죠. 그는 낙원과 같은 이 곳에서 부족함 없는 어린 시절을 보냅니다. 주변의 모든 것들 또한 예민한 아이의 감수성을 일깨웠습니다. 할아버지 집에서 멀지 않은 노쿠에(Nokoue)석호를 향하는 산책길과 그곳에서 보는 웅장하고도 애잔한 석양, 마을의 축제나 장례식에서 가면을 쓰고 춤을 추는 사람들의 모습, 반짝이는 옷을 입고 아프리카 전통북으로 드륵드륵 소리를 내며 등장하는 망자의 영혼인 에군(Egun)…. 성탄절과 부활절을 기리는 기독교 축제나 브라질의 봉핌(La Fête du Bonfim) 축제도 때가 되면 열렸지요.

매일 반복되는 소소한 일상도 아이에겐 늘 새로웠습니다. 엄마는 항상 맛있는 음식을 차려주었고 무한한 관심과 애정을 토발루에게 쏟아주었지요. 아버지는 엄격했지만 너그러웠어요. 어찌나 민첩한 아이였던지 친구들은 망고 나무와 구아바 나무를 타고 올라가 과일을 서리하는 일을 언제나 그에게 맡겼습니다. 거리에서 마주치는 유럽적인 풍경만큼이나 전통적인 삶의 모습도 아이에게는 낯설지 않았습니다. 아침 인사를 드릴 때나 우이다(Ouidah)에 가서 가족 참배를 할 때에도 예의를 차려 조상님들께 인사를 드렸지요. 토발루와 그의 형이 프랑스로 유학을 가기 전 아버지는 조상님들을 찾아뵙니다. 두 아이와 함께 조상의 묘지 앞에 서서 아이들을 보호하고 축복해주기를 간청하지요. 가족과 공동체의 의미, 아프리카인의 정체성과 다호메이인이라는 뿌리 의식도 이 시간들 속에서 자라난 것이겠지요.

　토발루의 어린 시절 다호메이 사회는 빠르게 변화하고 있었습니다. 아프리카와 서구의 모습이 공존하는 가운데 전통과 현대적 요소가 맞물려 가고 있었지요. 구두 형식으로 일을 처리하는 관행은 문서 위주의 관료제로 전환되기 시작합니다. 한 세기가 넘는 동안 경제의 중심이었던 노예무역이 팜유 산업으로 대체되면서 사회 구조에도 크고 작은 변화들이 일어납니다. 경제 주체가 다분화되고 이들을 대변하는 다양한 이익 단체들도 생겨났지요. 권력은 더 이상 노예무역으로 상권을 장악했던 소수의 브라질 가문의 손에 있지 않았어요. 대신 새로운 계층이 부르주아로 급부상하기 시작하지요. 브라질이나 쿠바에서 노예로 끌려갔다가 해방되어 돌아온 브라질인 또는 혼혈인이 바로 그들입니다. 아프리카-브라질 노예의 후손을 칭하는 아구다(Aguda)는 서구의 앞선 문명을 전파하면서 다호메이의 사회경제 발전을 촉진시키는 역할을 합니다. 20세기 초, 다호메이는 근대화의 태동기를 맞고 있었습니다.

## '프랑스인다움'을 배우다 – 보르도에서 파리로

　혼미한 1920년대. 파리의 미친 듯이 넘쳐나는 활기는 전쟁으로 산산이 부서진 세상에 대한 불안과 두려움을 응축해 표출해내는 듯합니다. 빛의 도시 파리는 온갖 예술가들이 불을 쫓는 나방처럼 몰려드는 예술적 영감의 진원지가 됐지요. 미국에서 온 흑인 음악가들은 재즈의 시대를 막 열었고 재능 있는 흑인들은 다채로운 형태로 그 에너지를 발산했습니다. 다양한 인생사를 경험한 흑인들과 할렘 르네상스(Harlem Renaissance)[3]의 유명 혹은 무명의 흑인 작가들이 파리에 온 이유는 단 하나였습니다. 바로 '자유'를 찾아서였죠.[4] 한편, 이 시기에는 무너진 질서 사이로 새로운 가치와 이념들이 싹트고 있었습니다. 전쟁 당시 병사로 싸웠던 수많은 노동자와 농민들은 그들의 희생과 사회적 대우의 불일치를 보며 부조리한 현실을 자각하기 시작하지요. 러시아 혁명은 사회주의와 공산주의 이념을 유럽에 빠르게 전파시키는 계기가 됩니다.

　파리는 미국보다는 훨씬 자유로운 분위기를 띠고 있었습니다. 표면적으로는 그랬지요. '인종주의'는 프랑스 혁명의 구호인 자유

---

3) 할렘 르네상스는 제1차 세계대전이 끝날 무렵부터 1930년대 대공황이 일어나기 전까지 뉴욕(New York) 맨해튼(Manhattan) 흑인 빈민가 할렘에서 미국 흑인들이 일으킨 문예부흥운동이다. 뉴니그로 운동(New Negro Movement)으로도 불리며 문학 및 예술 활동을 통해 흑인 본연의 가치와 자긍심을 드높이는데 기여했다. 흑인 인종에 대한 새로운 사회적 인식을 불러일으켜 1950-1960년대 흑인 인권 운동의 토대가 된다.
4) Stovall, Tyler Edward. (1996). Paris Noir. Houghton Mifflin Company. p.25.

와 평등의 이념에 어긋나니까요. 하지만 인종에 근거한 차별을 제도화하지 않았을 뿐이지 인종 차별은 전부터 존재했어요. 같은 인종이라도 아프리카계 미국인과 식민지 흑인에 대한 대우는 달랐습니다. 파리에는 흑인에 대한 인종주의(차별)와 원시주의(동경)가 공존했습니다. 그 동경의 범주에는 어떤 것에도 구애받지 않는 자유의 영역이 있었지요. 그래서 아프리카 흑인들을 야생적이고 이국적인 대상으로 보는 왜곡된 시선은 주류 예술에 영감이 되기도 했습니다. 또한 프랑스가 다호메이와의 전쟁에서 승리하고 식민지로 편입시킨 이야기에는 다호메이 문화를 식인과 야만으로 규정짓는 자극적인 일화들이 흥미를 위해 덧붙여졌지요.

1915년 토발루는 파리 몽파르나스(Montparnasse)의 한 아파트에 정착합니다. 벽에는 친구들 중 한 명인 모딜리아니(Amedeo Modigliani)가 그려준 초상화가 있었고 침대맡에 걸려있는 화려한 원주민 로브는 그가 다호메이인이라는 사실을 말해주었지요. 토발루는 프랑스 사교계에서 상당한 주목을 받는 인물이었습니다. 자신의 존재를 드러내는데 탁월한 능력이 있었을 뿐더러 이국적인 것을 동경하는 시대적 유행도 잘 이용했지요. 무엇보다도 그의 해박한 지식과 유려한 말솜씨는 많은 사람들의 놀라움을 자아냈습니다. 제1차 세계대전 이후 정부의 검열과 허위선전에 대응하기 위해 만든 포부르 클럽(Club du Faubourg)은 프랑스 정경계의 유명인들과 예술인들이 모여 다양한 주제에 대해 토론을 벌이는 사교모임이었지요. 한번은 클럽이 주최하는 '문학의 밤'에서 토발루가 발언을 한 다음날, 신문에 그에 관한 기사가 실립니다. '흑인의 외모에 백인의 지성'이라는 다소 인종차별적인 표현으로 시작하는 글에서 토발루는 그들보다도 더 정확하게 프랑스어를 구사하는 범상치 않은 흑인 지식인으로 소개됩니다.

어딜 가든 호의적인 대우를 받았던 토발루는 섣부르게 정치와 인종주의 문제를 보헤미안적인 삶과 뒤섞지 않았지요. 이런 취향만으로도 그는 대중에게 호감을 이끌어 낼 수 있는 감각이 있는 사람이었습니다. 토발루라는 인물을 처음 소환한 미국인 흑인 기자이자 작가인 로이 오틀리(Roi Ottley)는 그의 저서 『더 나은 세상은 어디에도 없다(No Green Pastures, 1952)』에서 토발루를 "1920년대 세련된 파리지앵, 사교계에 한없이 멋진 사람"으로 묘사하지요. 중절모를 쓰고 하얀 양복을 말끔하게 차려입은 사진 속 토발루는 정말 댄디하기 그지없는 흑인 신사처럼 보입니다.[5]

토발루가 파리에 정착해 사교계에 자연스럽게 합류할 수 있었던 배경에는 보르도에서 보낸 학창 시절이 있었기 때문입니다. 보르도는 상업 활동이 활발한 항구 도시로 당시 아프리카 식민지와도 많은 교역을 하고 있었습니다. 그곳에서는 멋과 취향을 음미하며 즐기는 부르주아적 삶의 방식이 낯설지 않았죠. 토발루는 와인 상인이었던 아버지 친구의 보호를 받으며 생주네스(Saint-Genès)

---

5) Stokes, Melvyn. (2009). "Kojo Touvalou Houénou: An Assessment." Transatlantica. p.2.

그림3. 왼쪽부터 조르쥬 마르크 (George Marke), 코조 토발루 우에누, 마커스 가비(Marcus Garvey) (1924년)

에 있는 라살리안(Lasallian) 신학교에 다닙니다. 가톨릭 성직자인 장-밥티스트 드 라살(Jean-Baptiste de La Salle)의 교육 철학 유산을 물려받은 이 학교는 프랑스뿐만 아니라 이웃 나라 스페인과 아프리카 프랑스어권 나라에서도 그 명성이 자자했지요.

라살리안 신학교는 전통을 깨고 일반 중고등학교처럼 새로운 시대 가치에 걸맞은 인본주의 교육을 중시했습니다. 그러나 인간이 갖추어야 할 더 기본적이고 중요한 덕목들이 있었지요. 예절과 낭송 수업에서 학생들은 '자신감과 품위를 갖춘 공손한 태도'를 배웁니다. 상황에 맞게 처신하고 적절하게 자신을 표현할 수 있는 기량을 습득하는 것이죠. 배움의 공간에는 서로 다른 차원의 세계가 공기처럼 경계 없이 존재했습니다. 세속과 종교, 이성과 비이성의 이질적인 요소들은 서로 섞여 사유의 소재가 되었어요. 하루를 시작하는 아침 의식인 '일상의 성찰'은 이를 위해 더할 나위 없이 좋은 시간이었습니다. 친절, 온유, 충성, 관용, 타인에 대한 배려 등 추상적이고도 도덕적인 주제들은 사색을 통해 명료한 개념으로 발전했지요. 지성인으로서 거듭나는 이 시간의 가치는 앞서 보았듯이 파리에서 그 진가를 발휘하게 됩니다.


## 그래서 하고 싶은 말은 – 난해한 제목의 책

1921년 토발루는 푸른색 표지의 언어학(음성학) 책 한권을 발간합니다. 파리 사교계에 그의 이름을 공식적으로 알리는 계기가 된 책이죠. 그런데 이 책은 제목부터 고개를 갸웃할 만큼 난해합니다. 책의 제목이 당시 유행하던 예술문학 운동인 상징주의의 표현 형식을 차용했다고 하면 당혹감이 수그러들까요. 형이상적 내용을 상징과 암시로 포장한 책의 제목은 『탈바꿈의 회귀와 우주의 윤회(L'Involution des Métamorphoses et des Métempsychoses de l'Univers)』입니다. 소제목인 '언어의 탈바꿈과 윤회에 대한 음성적 회귀 또는 성찰(L'Involution Phonetique ou Méditations sur les Métamorphoses et les Métempsychoses du Langage)'을 보면 이 책의 주제가 언어라는 것을 간신히 알 수 있지요. 토발루는 철학, 언

그림4. 다호메이 베한진 왕　　　그림5. 아보메이(Abomey)에 있는 베한진 왕 동상

어학, 인류학, 신학, 생물학 등의 다양한 학문 분야와 연계하여 언어의 특징들을 설명합니다. 그는 이 책을 그의 외삼촌이기도 했던 다호메이의 마지막 왕, 프랑스와의 전쟁에서 치열하게 싸우고도 전쟁에 패배하자 왕궁을 모두 불태우라고 지시했던 베한진 왕에게 헌정합니다.

　이 책은 전체 세 부분으로 구성되어 있습니다. 첫 번째와 세 번째는 언어에 대해 다루고 있고 두 번째는 '몇 가지 자명한 진리들(Quelques truismes)'이라는 제목으로 토발루의 생각들을 형식의 구애 없이 자유롭게 엮어놓은 것입니다. 몇 개의 구절만 살펴보겠습니다. "자유는 스스로가 자신을 정복할 때까지는 아무도 물리칠수가 없는데 (…) 스스로 '의지'라고 하는 장애물을 만들어낸다. 따라서 주인과 사슬과 노예는 모두 '자유'라는 동일한 금속으로 만들어지는 것이다.", "인간은 근육을 사용할 수 있게 된 이래로 아름답고 또렷하게 발성하기 시작했다. 모든 기쁨과 슬픔을 생생하고 조화로운 언어로 유창하게 옮겨 전할 수 있게 된 것이다. 소위 원시인이 내는 낮고 짧은 소리는 야만스러운 유럽인이 내는 소리와 비슷하다."[6] 토발루는 인류의 언어를 자유, 인종문제, 문명과 계급 등더 넓은 사회적 주제로 확장해 나갑니다. 이 책은 정말 언어학에 관한 책일까요? 토발루는 왜 이런 책을 썼을까요?

토발루는 프랑스 문학과 철학에 깊은 영감을 받았고 인류 문명의 상징인 언어에 대해 글을 쓸 만큼 조예도 깊었습니다. 그러나 책의 집필 배경은 전쟁이 그에게 남긴 상처와도 무관하지 않았던 것같습니다. 식민지 흑인 병사였던 토발루는 제국주의자들의 인종주의를 군대에서 몸소 경험하지요. 프랑스는 제1차 세계대전 당시 아프리카 식민지에서 약 50만 명의 흑인 병사들을 모집합니다.[7] 다

6) Semley, Lorelle D. (2014). "Evolution Revolution and the Journey from African Colonial Subject to French Citizen". Law & History Review, Vol. 32, No. 2. p.287.
7) 1914-1918: l'Afrique a payé un lourd tribut à "la Grande guerre" https://www.francetvinfo.fr/monde/afrique/societe-africaine/1914-1918-l-afrique-a-paye-un-lourd-tribut-a-la-grande-guerre_3056303.html]

양한 식민지에서 차출된 병사들은 프랑스 군인들과 소통하기 위해 식민종주국의 언어를 배워야 했습니다. 단순 소통을 위한 언어가 표준어일리가 없지요. 성인이 아이처럼 혹은 서툴게 말하면 아둔해 보이기 마련입니다. 흑인의 이러한 이미지는 프랑스 병사들 사이에서뿐만 아니라 미디어를 통해서도 대중에게 그대로 전달됩니다.

세네갈 보병(Tirailleurs Sénégalais)은 세네갈뿐만 아니라 프랑스령 사하라이남 아프리카 전역에서 충원된 흑인병사 모두를 지칭하는데요, 전쟁 후 정당한 보상을 받지도 못하고 이용만 당한 세네갈 보병은 그 명칭 속에 인종차별이라는 상징적 의미를 갖게 됩니다. 그리고 그들의 이미지는 아프리카 흑인을 비하하는 모습으로 또다시 희화화되지요. 바나니아(Banania)라는 초콜릿 바나나 시리얼 광고가 있습니다. 빨간색 바탕에 파란 방울 장식이 달린 원통형 모자를 쓰고 헤실헤실 웃고 있는 세네갈 병사의 모습 위에는 "맛있어요"라는 슬로건이 쓰여 있는데요, 올바른 문장인 "쎄 봉(C'est bon)"이 아니라 "이아 봉(Y'a bon)"이라는 비문(피진어)으로 적혀 있지요. 광고의 이미지는 아프리카인을 어리석은 모습에 미성숙한 언어를 구사하는 사람으로 그려냅니다. 인종과 언어를 접목해 흑인을 열등화하는 전형적인 서구의 인종차별 방식이지요.

토발루는 신비주의를 접목해 설명하던 음성학을 미묘한 뉘앙스로 자유와 인종문제로 결부되는 계급 문제로 이동시킵니다. 그리고 19세기 서구 철학에 점차적으로 스며들었던 인종 간 위계질서

Guerre 1914 - Hôpital temporaire de St-LÉONARD - Un groupe de blessés Sénégalais

그림6. 부상당한 세네갈 보병(생레오나르(Saint-Léonard) 임시 병원, 1914-1918)

개념에 이의를 제기하지요. 인종의 생물학적 차이를 문명의 발전
과 연관 지어 식민지배를 정당화한 서구 우월주의와 과학적 오류
를 비판한 것입니다.

　여담이지만 프랑스 식민지 출신 병사로서 인종주의 벽을 느끼
고 흑인 정체성을 새롭게 인식한 또 다른 위대한 흑인 지식인이 있
습니다. 바로 제2차 세계대전에 참전한 프랑스령 마르티니크 출신
의 프란츠 파농(Frantz Fanon, 1925-1961)입니다. 전쟁에서 겪은
차별과 멸시의 상처는 파농을 20세기 위대한 철학자이자 운동가로
만들었지요. 이 두 사람의 공통점은 또 있습니다. 그들이 예찬했던
프랑스 혁명의 보편적 평등이 어느 나라의 그 누구에게나 차별 없

이 적용될 거라는 순진한 믿음을 가졌었다는 겁니다.

이 책은 새로운 학문적 이론체계를 시도한 것으로도 큰 의미가 있습니다. 토발루는 문명사, 인류학, 유심론 등을 바탕으로 한 여러 철학적 개념들을 소개하고 풀어나가지요. 프랑스의 유명한 철학자 앙리 베르그송(Henri Bergson)이 1931년 발표한 논문 "도덕과 종교의 두 원천(Les Deux Sources de la Morale et de la Religion)"을 보면 토발루의 글에서 상징하는 바와 일치하는 부분이 있다는 사실을 간과할 수 없을 것 같습니다. 베르그송의 논문은 토발루의 책이 발간된 지 10년이 지난 후에 쓰였지요. 토발루의 난해한 언어학 책은 출판 부수도 적었고 대중적인 사랑을 받지는 못했지만 그의 철학적 사고가 얼마나 광활하고 심오했는지를 보여주는 데는 부족함이 없을 것 같습니다.[8]

---

8) 베르그송은 1907년에 발간한 『창조적 진화(L'évolution créatrice)』에서 다윈의 기계론적 진화론에 동의하지 않고 생명력(élan vital)과 직관을 토대로 하는 진화의 목적성과 창조성을 강조한다. 토발루는 유럽인들이 다위니즘(Darwinism)과 생물학의 권위에 의존해 고안한 인종 이데올로기에 반발하였고 이런 의미에서는 베르그송과 어느 정도 같은 입장을 취하고 있다. 다만, 토발루는 베르그송의 사유방식, 즉 끊임없이 변화하는 인류의 진화과정을 추적하는 접근 방식에는 반대한다. 인류의 관점에서 차이점보다 초기의 동질성에 주목하는데, 이는 인간의 외관상 차이보다는 본디부터 근본적으로 지니고 있던 것을 고려하는 것이라 볼 수 있다. 예를 들면, 문화, 언어와 같은 외부적인 요소보다는 유전적 자산, 신체적, 지적, 도덕적, 정신적 측면에서 그 잠재력을 들여다보는 것이다. 한편 두 책 사이의 유사한 개념은 삼지창(Le trident)에서 파생된 토발루의 '세개의 영감(Le souffle tridentiel)'이라는 개념을 말한다.

## 식민지 삶의 현장 – 포르토노보

책을 발간한 후 토발루의 삶은 공적인 영역이 점점 더 많은 비중을 차지하게 됩니다. 파리에 정착한 5년 동안 문학과 사교 활동을 이어가는 한편 본격적인 정치적 활동을 위해 중도우파 성향의 민주공화당(Union républicaine et démocratique; URD)에도 가입합니다. 그가 서두르지 않고 천천히 활동을 시작한 것은 전쟁 부상으로 인한 후유증 때문이기도 했지요. 토발루는 20년 만에 조국 다호메이로 향합니다. 타향에서 전해 듣기만 했던 식민지 현실을 직접 보고도 싶었고 정치 활동을 위한 사회적 기반을 마련할 생각도 갖고 있었죠. 토발루의 방문은 사회의 적지 않은 주목을 받습니다. 다호메이가 중심과 동떨어져 있다 보니 사람들은 파리나 다카르(Dakar)와 같은 대도시의 소식들이 궁금하기도 했습니다. 지리적인 거리감에는 세상의 큰 흐름과 멀리 떨어져 있다는 심리적인 소외감도 있었지요.

여느 식민지와 마찬가지로 다호메이에서 유일하게 설립이 허용되는 단체는 인도주의를 표방하는 모임이었습니다. 예를 들면, '검은 별(L'Etoile Noir, 1912-1927)'이라는 문화 클럽은 다양한 문화를 기반으로 한 사람들이 모여 정보와 의견을 교환했지요. 프랑스, 미국, 나이지리아의 정기간행물을 통해 국제 정세도 살피는 한편 미국의 범아프리카주의자들과도 연락을 주고받았습니다. 다호메이의 전 교육자이자 언론인 루이 엉캉랭(Louis Hunkanrin)은 인권연맹 다호메이 지부를 세우고 랭디제나(L'indigénat; Le Code de L'indigénat) 라고 하는 식민지 원주민법에 내재된 남용과 차별, 그리고 원주민들의 인권 피해에 관한 글을 써서 파리 소재 본부에 보냈지요. 프랑스-이슬람위원회(La Comité Franco-Musulman)는 북아프리카에서도 활발한 활동을 하고 있는 단체로 영향력이 상당했습니다.

위와 같은 단체들이 토발루가 관찰한 대중의 정치적 각성의 모습이라면 지식인들의 움직임이나 정세를 가장 잘 알 수 있는 방법은 언론 활동이었습니다. 다호메이의 유일한 언론 매체였던 '다호메이의 선도자(Le Guide du Dahomey)' 신문은 토발루가 다호메이에 도착하기 약 9개월 전에 설립된 언론사로 프랑스 식민정책을 비판하는 데 중심적인 역할을 하고 있었습니다. 1921년 봄 프랑스 식민지 총독이 서아프리카 식민지 순방 차 다호메이를 방문했을 때에도 이 신문은 식민통치를 비판하는 여러 편의 글을 싣습니다. 예를 들면, 프랑스 시민권이 없는 엘리트들은 반쪽의 자유를 가진 거나 다름없다며 원주민의 평등한 시민의 권리를 주장합니다. 식민지법이나 관습법 적용 시 주민의 의견수렴 절차를 포함시킬 것을 요구하지요. 문맹의 원주민 지도자들과 판사들이 군림하며 지역 엘리트들에게 영향력을 행사하는 행태도 크게 비판합니다. 하지만 다호메이의 사회경제적 이익을 위해 쓴 편지의 이면에는 엘리트들의 지위를 보전하기 위한 목적도 있었습니다.

1923년 2월 포르토노보와 코토누(Cotonou) 및 그 주변 지역에서 식민정부에 반대하는 시위와 파업이 벌어집니다. 과도한 세금의 잇따른 인상, 차별적 세금 규제, 상인 간 경쟁 등 복합적인 문제들이 파업의 원인으로 작용했지요. 경제적 어려움은 지역 단체들과 식민정부 사이의 갈등을 더욱 악화시킵니다. 파업은 강제적인 세금 징수와 폭력적인 진압으로 끝을 맺습니다. 프랑스 정부는 이 대규모 파업을 '반체제적인' 이슬람교도와 현지 아프리카 지식인 일원이 계획한 독자적인 활동이었다고 일축하고 파업을 음모론으로 결론내립니다. 이후에 토발루는 포르토노보 사태에 대한 여러 글을 기고합니다. 그는 이 사태가 식민지 본국에 대항하는 '반란'이 아니라 열악한 식민 정책에 대응한 지역 파업이라고 강조하지요. 그러나 그 글이 얼마나 많은 관심을 받았는지에 대해서는 알지 못합니다.[9]

## 다시 파리로 – 사건의 진실

서두에 언급한 토발루가 카바레에서 당한 인종차별이 사실 처음 있는 일은 아니었습니다. 사건이 일어나기 한 달 전에도 르자키(Le Jockey) 카바레에서 흑인이라는 이유로 쫓겨난 적이 있었지요. 파리에는 전쟁 후 전역한 미국 병사들을 흔치 않게 볼 수 있었고 흑인

---

9) Semley, Lorelle D. (2014). "Evolution Revolution and the Journey from African Colonial Subject to French Citizen." Law & History Review, Vol. 32, No. 2. p.289-295.

에 대한 이들의 인종차별은 프랑스 내에서도 사회적 문제로 불거지고 있었습니다. 토발루는 세네갈 출신 국회의원인 블레즈 디아뉴(Blaise Diagne, 1872-1934)를 만나 이 불미스런 일을 언급합니다. 디아뉴는 당시 프랑스 수상이었던 레이몽 포앙카레(Raymond Poincaré, 1860-1934)에게 항의를 하지요. 사회적 분위기와 맞물려 포앙카레는 프랑스에 거주하는 외국인들에게 프랑스 법이 보장하는 인종 평등 원칙을 존중할 것을 촉구하며 인종주의를 반대하는 성명을 발표합니다.

엘가롱 사건 바로 다음날 토발루는 클럽 주인과 서빙을 거부한 바텐더를 고소합니다. 그리고 이틀 뒤 엘가롱의 야간 운영 면허는 취소됩니다. 이 사건의 여파는 인종차별 문제를 수면에 떠오르게 하며 프랑스 사회에 큰 파장을 일으키지요.[10] 일부 극우 매체를 제외한 프랑스 언론은 미국인들을 향한 비난과 항의 기사를 쏟아냅니다. 그런데 이런 일련의 조치들이 정말 우연이었을까요? 토발루는 파리의 밤의 모습을 잘 알고 있었습니다. 문제가 된 장소들은 대중적으로 인기가 많았고 미국인들로 넘쳐났지요. 그 곳에서는 미국인들이 지나친 요구를 해도 순순히 응하는 것이 당연하게 여겨졌어요. 그러나 토발루는 재빠르고 능숙한 대응으로 인종차별 문제를 공론화시키는 데 성공합니다. 식민지 왕족의 후손과 인종차

---

10) FRANCE: Jim Crow Scandal
https://content.time.com/time/subscriber/article/0,33009,716361,00.html

별이라는 흥미로운 세팅 때문인지 아니면 사건의 극적인 전개 때문인지 이 일은 대중의 인식에 깊이 각인되어 늘 토발루라는 인물과 함께 회자되지요. 다만 사건을 둘러싼 여러 해석들에 있어서 사실 전후 관계를 분명히 할 필요는 있을 것 같습니다. 그것은 이 일이 토발루의 흑인 운동의 도화선이 아니라, 기폭제가 되었다는 사실입니다.

한편 다호메이에서 돌아온 후 토발루는 1923년 1월 프랑스-다호메이 친선협회(L'Amitié Franco-Dahoméenne)를 결성합니다. 당국의 승인을 받지 못하고 불발된 이 단체에 대해 언급하는 이유는 토발루의 정치적 지향점이 그 설립 목적에 잘 드러나 있기 때문이에요. 바로 문명에 대한 무한한 긍정과 인류애라는 보편적 가치입니다.

"프랑스-다호메이 친선협회는 다호메이의 정신적, 도덕적, 경제적 발전에 기여하고 다호메이가 문명사회인 현대 도시에 완벽하게 적응할 수 있도록 합니다. 단, 고유하고 뿌리 깊은 다호메이의 독창성은 그대로 유지해야 합니다. 우리는 프랑스와 다호메이의 협력관계를 더욱 긴밀히 할 것이며 두 나라 간 우정이 아프리카 전체와 유럽, 아시아, 오세아니아, 나아가 온 세계로 확대되기를 희망합니다. 그때 비로소 인류는 그 이름에 걸맞게 현대적 삶에 적응하기를 희망하며 새로 도착한 사람에게 손을 내밀어 환대할 것입니다."

토발루는 프랑스 식민지 장관과 프랑스령 서아프리카 총독, 그리고 다호메이 주지사에게 편지를 보내 명예위원으로서 단체를 후원해 달라고 부탁합니다.[11] 그러나 이들은 토발루와 그의 활동이 프랑스 제국을 불안정하게 할 수 있는 선동의 여지가 있다는 이유로 거절하지요.(토발루가 총독으로부터 거절의 메시지를 받은 날은 1923년 6월 28일, 엘가롱 사건이 일어나기 약 한 달 전입니다.) 프랑스 식민행정관이었던 쥘 브레비에(Jules Brevié)가 쓴 글의 한 구절을 보면 당시 프랑스 정부가 식민지 지식인을 어떻게 인식하고 있었는지 짐작해 볼 수 있습니다.

"(…) 위험한 책 수입을 금지해야 합니다. 그런 책들 때문에 공허한 공식으로 머릿속이 꽉 찬 젠체하는 현학자들이 생겨나는 겁니다. 이들은 의무에 대한 관심은 조금도 없으면서 가상의 권리만을 거듭 주장합니다. 그리고 세상물정 모르는 동포들을 선동하기 위해 식민 당국과 맺은 관계를 교묘한 술책으로 이용하지요. (……) 식민지 지식인들은 동화정책의 설익은 산물입니다. 그들은 주변 환경과도 단절되어 있고 식민지 본국 사회에도 제대로 정착하지 못해 어떤 도덕적인 조언이나 위안을 받을만한 곳을 찾지 못합니다. 뿌리를 잊은 이 사람들은 터무니없고 유해한 역할에만 열중하고 있습니다."

---

11) 이 당시 프랑스 식민지 장관은 알베르 소로(Albert Sarraut), 프랑스령 서아프리카 총독은 쥘 카르(Jules Card), 다호메이 주지사는 가스통 푸른(Gaston Fourn)이다.

친선협회 결성이 무산된 다음 해인 1924년, 토발루는 마르티니크 출신 작가인 르네 마랑(René Maran, 1887 - 1960)과 '세계흑인인종수호연맹(Ligue Universelle pour la Défense de la Race Noire: LUDRN)'이라는 범아프리카 기구를 창설하고 '대륙들(Les Continents)'이라는 잡지도 펴냅니다. 흑인 연대와 교육을 통해 그들의 인권과 능력을 향상시키고자 하는 일차적인 목표 너머에는 궁극적인 지향점이 있었지요. 바로 모든 흑인이 자유인으로서 동등한 시민의 권리를 누릴 수 있는 세상을 만드는 것이었습니다. 정치·경제·사회·문화 전반에 걸친 아프리카 대륙의 재탄생을 의미했다고 말할 수 있을 것 같습니다.[12]

회원들의 기부와 문화 행사로 자금을 조달하는 연맹 활동은 정치 · 사교 모임부터 언론 활동, 철학 · 언어강의에 이르기까지 그 스

그림7. 블레즈 디아뉴(프랑스령 세네갈 출신 프랑스 첫 흑인 국회의원)

그림8. 르네 마랑(흑인 최초로 프랑스 공쿠르 문학상(Le Prix de Goncourt)을 수상한 시인이자 소설가)

펙트럼이 무척 다양했습니다. 문학인들과 예술인들이 함께하는 풍성한 문화 행사들은 토발루의 관심사와 열정을 잘 보여주었지요(학창 시절 토발루는 피아노, 콘트라베이스, 성악도 배웠었습니다). 한번은 '미국의 흑인과 아프리카 흑인의 만남'을 주제로 하는 큰 규모의 파티를 주최합니다. 미국에서 건너온 흑인 음악가들의 공연은 성공적이었고 그 중에서도 재즈와 흑인 영가는 특히 많은 사랑을 받았지요. '세계흑인인종수호연맹'은 비록 짧은 기간(1924.04.-1924.12.) 동안 존속했지만 제2차 세계대전 이전 파리에서 활동한 많은 범아프리카 단체와 언론 매체에 큰 영감을 줍니다.

『대륙들』은 미국 흑인 운동가들과 협력하여 정보를 주고받았던 최초의 프랑스어권 범아프리카 잡지들 중 하나였습니다. 잡지의 기사를 통해 프랑스 식민지의 소식을 전하고, 할렘과 파리를 연결해 흑인 디아스포라의 문제들도 다루는 한편 그들의 예술 활동도 널리 알렸습니다. 특히 정치와 문학의 밀접한 결합은 『대륙들』의 특징이었지요. 토발루는 해방된 노예들이 직접 쓴 노예 체험기나 미국의 흑인 문학에도 남다른 관심이 있었습니다. 1924년 9월호에

---

12) 1921년 브뤼셀(Bruxelles)에서 열린 범아프리카 회의에서 주요 인물인 블레즈 디아뉴와 두보이스(W. E. B. Du Bois) 사이에 충돌이 있은 후 두보이스가 애초 계획했던 범아프리카 운동은 파리에서 발전할 가능성이 희박해진다. 블레즈 디아뉴와 과달루프 정치인이 세운 범아프리카 단체도 두보이스를 포함한 미국 흑인 지식인들과의 불화로 파리에서 별다른 성과를 내지 못한다. 토발루는 흑인운동의 불모지라 여긴 파리에서 프랑스어권 범아프리카 운동을 펼치기 위한 구상을 하게 되고, 그러한 계획 하에 '세계흑인인종수호연맹'을 설립하게 된다. 동 연맹의 설립 배경과 목적은 다음과 같은 세 명의 흑인 지도자들의 주장과 같은 맥락에 있다: 부커 워싱턴(Booker T. Washington, 1856-1915), 아프리카누스 호턴(Africanus Horton, 1835-1883), 에드워드 윌모트 블라이든(Edward Wilmot Blyden, 1832-1912).

는 '카운티 컬런(Countee Cullen), 랭스턴 휴즈(Langston Hughes), 진 투머(Jean Toomer)의 새로운 아프리카계 미국인의 시'를 논하는 기사를 게재하는데요. 이 기사가 의미 있는 이유는 미국의 흑인 할렘 르네상스의 시작을 실질적으로 알렸다고 하는 글 - 더 서베이 그래픽(The Survey Graphic)의 유명한 '뉴 니그로(New Nigro)' 특별호-보다 6개월 먼저 이에 관한 내용을 실었기 때문입니다.[13] 그 이전에 잡지에서 소개했던 랭스턴 휴즈의 시도 의미심장하지요.

그림9. 1860년 6월 6일 아프리카 앙골라 암브리즈(Ambriz) 앞 바다에 있는 미국 노예선

13) Stokes, Melvyn. (2009). "Kojo Touvalou Houénou: An Assessment". Transatlantica. p.4.

니그로

랭스턴 휴즈

나는 니그로

밤의 흑색처럼 검고

나의 아프리카 깊은 내륙처럼 검은색

나는 줄곧 노예

시저는 문지방을 항상 청결히 해놓으라 말했고

난 워싱턴의 구두도 닦았네

나는 줄곧 노동자

나의 손으로 피라미드를 쌓아 올렸고

울월스 빌딩의 모르타르 반죽도 빚었다네

나는 줄곧 노래 부르는 사람

아프리카에서 조지아로 향하는 내내

슬픔과 서러움의 노래들을 나와 함께 데려왔고

래그타임 리듬도 만들었지

나는 줄곧 희생양

벨기에 사람들은 콩고강에서 내 손목을 잘랐고

지금 텍사스에서는 이유 없이 날 처형하네

나는 니그로

밤의 흑색처럼 검고

나의 아프리카 깊은 내륙처럼 검은색

– 『대륙들』 제5호(1924. 07. 15.) 중에서

연맹의 활동 무대는 파리에만 국한된 것은 아니었습니다. 흑인 문제에 대한 논의는 식민지 너머 국제적 단계까지 염두에 두고 있었지요. 프랑스 당국은 연맹이 활기를 띠는 것에 대해 불편한 심기를 드러냅니다. 토발루의 단체와 잡지가 프랑스 사회에 적대적이라며 집중적인 조사와 감시를 시작하지요. "다호메이의 왕자?"라는 짧은 제목의 기사는 그의 공적 이미지에 타격을 주려고 하는 의도가 다분했습니다. 왕의 호칭을 남용했다며 대중의 눈에 그를 평가절하 시키기도 합니다. 토발루는 연맹을 홍보하고 대륙 너머에 있는 흑인 사회를 둘러보기 위해 미국을 방문할 계획을 세웁니다. 이때는 몰랐지요. 이 여행이 그의 인생을 내리막길로 들어서게 할 거라는 사실을 말입니다.


## 파리와 할렘을 잇다 – 두 흑인 지도자들과의 교류

토발루는 미국에서 범아프리카주의 운동을 주도했던 대표적인 두 인물과 연락을 주고받습니다. 한 사람은 대지주 집안 출신으로 흑인 최초 하버드 박사 학위를 받은 윌리엄 에드워드 버가트 두보이스(W. E. B. Du Bois, 1868 – 1963)고 다른 한 사람은 자메이카 노동자 출신 이민자인 마커스 가비(Marcus Garvey, 1887-1940)였습니다. 두보이스가 엘리트 사회 내부에서 지식인으로서 흑인을 대변했다면 가비는 흑인들이 일상적으로 맞닥뜨리게 되는 현실적인 문제들에 더 집중했어요. 살아온 배경이 다른 두 사람은 흑인 운동의 이데올로기도 달랐습니다. 두보이스는 사회적 성취를 이룬 흑인 엘리트들을 앞에 내세우면 백인 사회가 그들의 정당한 권리를 부정하기 힘들 거라 믿었던 반면, 가비는 백인 사회가 아예 흑인 존재를 받아들이지 않을 거라고 생각했죠. 그래서 그는 고향인 아프리카로 돌아가 흑인만의 나라를 건설해서 실제적인 정치적 권력을 가져야 한다고 주장합니다.

토발루, 두보이스, 가비의 삼각 인물구도가 그려지실지 모르겠습니다. 그는 어떤 편에 섰을까요? 결론부터 말씀드리면 마커스 가비와의 교류는 짧은 만남으로 끝났고 두보이스와는 어긋납니다. 식민주의와 인종차별에 대한 토발루의 저항 이데올로기는 마커스 가비로 대변되는 흑인 디아스포라의 주장과 일치하는 부분이 있었지요. 서구의 잔혹한 정복 역사와 폭력적인 아프리카 식민 착취가 흑인 사회에 미친 부정적인 영향은 명백한 사실이니까요. 그러나 토발루는 마커스 가비처럼 서구를 완전히 부정하지는 않았어요. 그의 방식은 급진적이기보다는 타협적이었습니다. 아프리카의 발전을 위해서는 진보한 문명과 교육의 혜택이 반드시 필요하다고 믿었지요. 대신 아프리카의 고유한 전통을 기리고 향유하는 일에 서구의 문명이 방해가 되어서는 안 된다고 단언합니다.

토발루는 미국의 흑인 지도자들과 협력하는 데 있어서 독자적인 활동을 이미 마음에 품고 있었습니다. 그는 스스로를 초국가적 흑인 운동의 지도자라 여겼지 그 누구의 추종자라고는 생각하

지 않았습니다. 토발루는 할렘의 흑
인들과 의견을 주고받고 컨퍼런스
를 주최하며 자신이 보았던 아프리
카와 유럽과는 또 다른 흑인 사회
를 경험합니다. 가비의 이념에 전적
으로 동의한 것은 아니지만 기본적
으로 흑인 동포를 위하는 마음이 같
았던 토발루는 1924년 8월 뉴욕 카
네기홀(Carnegie Hall)에서 열린 만
국흑인진보연합(Universal Negro
Improvement Association) 총회에서
마커스 가비가 주장하는 "고향 아프
리카로 돌아가라"라는 구호를 지지
하는 연설을 합니다.

그림10. 마커스 가비

그림11. 두보이스

"마커스 가비, 당신은 라이베리아(Liberia)라고 불리는 아프리카의
작은 땅을 당신의 항구, 안식처로 선택했습니다. 이름에서 알 수 있듯이
그곳은 자유를 상징합니다. 아프리카의 다른 모든 곳에서도 당신을 기다
리고 있습니다. 밤에 빛나는 작은 별들이 아니라 온 아프리카를 비추는
큰 태양이 당신의 길을 인도할 것입니다.[14]

한편 두보이스는 토발루를 후원하고 그와의 만남을 조율 중에 있

었습니다. 그러나 토발루가 가비와 함께 일한다는 사실과 더불어 그의 몇몇 (식민당국의 편파적인 판단에 따른) 범죄 혐의를 전해들은 두보이스는 모든 일정을 철회합니다. 토발루는 고분고분하고 순진한 신사의 이미지도, 마커스 가비의 추종자라는 이미지도 확실히 차단하기 위해 두보이스에게 자신의 입장을 분명히 밝힙니다.

"저는 선택과 결정을 피하려는 것이 아닙니다. 불가능한 화해도 시도하려하지 않을 것입니다. 제 신념이 중립적이지 않고 한쪽으로 치우쳤다고 느낄 수 있습니다. 왜냐면 저는 흑인 인종과 관련되었다면 그 어떤 그룹도 지지할 것이기 때문입니다. 따라서 제 신념은 편향적일 수밖에 없습니다."[15]

토발루가 미국 여행을 마치고 파리로 돌아왔을 때 프랑스 정부는 그를 급진적이고 위험한 사상을 내포한 인물로 확정짓습니다. 카네기홀에서 그가 프랑스를 예찬하고 옹호했던 연설은 중요하지 않았지요. '대륙들' 잡지의 기사는 명예 훼손에 휘말려 소송으로 이어집니다.[16] 1925년 이후 짧고 불꽃같던 토발루의 정치적 행보는 대중의 관심에서 멀어집니다. 토발루는 다호메이와 주변 국가에

---

14) M'Baye, Babacar. (2006). "Marcus Garvey and African Francophone political leaders of the early twentieth century: Prince Kojo Tovalou Houenou reconsidered." Journal of Pan African Studies, Vol. 1, No. 5. p.9,12.
15) Semley, Lorelle D. (2014). "Evolution Revolution and the Journey from African Colonial Subject to French Citizen." Law & History Review, Vol. 32, No. 2. p.297.

서 정치적 재기를 시도하고 변호사로 개업하려고 노력하지만 식민
당국의 방해로 번번이 좌절하게 됩니다. 아버지의 상속 문제를 둘
러싼 가문의 법적 싸움, 포르토노보의 복잡한 공동체 안에서 중요
한 지역 인물들과의 갈등도 그의 인생의 마지막을 힘겹게 했지요.
1934년 3월 토발루는 법정에서 동료와 몸다툼을 벌였다는 이유로
법정모독죄를 선고받습니다. 다카르 감옥에서 징역형을 살던 토발
루는 장티푸스로 인한 고열로 생을 마감합니다.

## 토발루를 회상하며

다호메이가 독립한 후 1960년대 말 대통령을 역임한 에밀 데르랑
쟁수(Emile Derlin Zinsou, 1918 – 2016)는 그가 소년 시절에 만난
토발루를 회상합니다. 토발루가 약혼녀와 함께 포르토노보에 몇 달
간 체류했을 때였지요. 실제로 토발루를 만나기 전에도 에밀에게 그
의 이름은 매우 익숙했습니다. 두 가문 사이에 친분도 남다른 데다
에밀의 아버지와 토발루는 연령대도 비슷했지요. 학교 교장을 지낸
에밀의 아버지는 토발루가 간행한 잡지도 구독해서 읽는 다호메이

---

16) 르네 마랑은 프랑스가 제1차 세계대전에 참전할 흑인 병사를 모집하는데 블레즈 디아뉴와 프
랑스 정부 간 모종의 정치적 거래가 있었다고 비난하는 기사를 쓴다. 이에 반발한 디아뉴는 르네
마랑을 상대로 소송을 제기하고 프랑스 재판부는 그들의 편에 서있던 디아뉴에게 유리한 판결을
내린다. 르네 마랑과 그의 동료는 소송에서 패소해 징역형을 선고받고 2천 프랑의 무거운 벌금형
은 사실상 잡지를 폐간에 이르게 한다. 비밀리에 활동하던 연맹의 모임도 정부의 감시와 탄압으로
점차 해체된다.

의 민족주의자였습니다. 그래서 집안 어른들의 대화에는 토발루란 이름이 자주 등장했지요. 에밀은 토발루가 미국에 가서 흑인들의 해방을 주장하는 사람들과 만났다는 얘기도 들었습니다.

어린 시절부터 정치인의 꿈을 품고 있었던 에밀에게 토발루는 존경의 대상이었어요. 16살 소년이 본 토발루는 키가 크고 세련미와 기품이 넘치는 어른이었습니다. 당당한 어조에는 타고난 설득력이 묻어났지요. 사람들이 왜 토발루를 다호메이에서 그토록 교양 있는 사람이라고 말하는지 알 것 같았습니다. 에밀은 그렇게 대단한 인물이 자신을 편하게 대해주는 수수한 면모에도 놀랍니다. 대화를 나눌 때 위화감 따위는 없었지요. 40대 중년의 남자와 10대 소년이 나눈 이야기의 대부분은 아프리카에 관한 것이었어요.

토발루의 확신에 찬 말들은 에밀의 가슴을 깊이 파고듭니다. 그

그림12. 에밀 데르랑 쟁수

그림13. 코조 토발루 우에누

의 말을 듣다 보면 그가 완전한 서구인, 프랑스인처럼 보이기도 했고 또 한편으론 의심할 여지없이 아프리카인으로 보이기도 했습니다. 그의 연설과 글에서는 민중의 자유와 평등의 정신을 계승하는 프랑스 혁명에 대한 이야기를 자주 보고 들을 수 있었지요. 식민당국이 그를 핍박했어도 토발루는 프랑스를 진정으로 사랑했고 진실한 친구처럼 여겼어요. 토발루가 비판하는 대상은 전제군주나 인종주의자처럼 군림하는 식민지의 관료들이었지 프랑스 자체는 아니었으니까요. 그러나 한편으론 프랑스에 대한 그의 사랑만큼이나 프랑스 식민체제에 대한 실망과 분노도 컸지요.

하루는 둘이 같이 산책을 하고 있었습니다. 에밀은 다호메이에도 선진 문명을 흡수한 지식인이 필요하다고 말합니다. 프랑스인들이 차지하고 있는 주요 행정 직책들을 맡을 수 있는 능력이 있는 사람들이요. 그들은 자신의 지식을 동포들에게 가르치고 전달할 수 있을 테니까요. 그러기 위해 에밀은 프랑스가 더 많은 장학금을 할당해서 학생들을 프랑스로 보내야 할 필요가 있다고 했어요. 토발루는 가던 길을 멈춰섭니다. 지팡이를 땅에 힘주어 짚고서 엄한 표정으로 에밀을 보며 깊은 목소리로 말하지요. "프랑스는 절대 그렇게 하지 않을 꺼다. 이 땅의 어른들, 부모님들은 뭘 하고 있니? 너희들은 힘없는 양인데 늑대에게 너그러이 자비를 베풀라고 요구하는구나." 이 말은 에밀의 기억에 오래 각인됩니다.

어느 날 토발루의 친구였던 삼촌집에 놀러간 에밀은 집에서 우연히 책 한권을 발견합니다. 제목이 희한한 책이었지요. 언어와 문화의 본래적 평등이라는 심오한 주제를 다 이해하지는 못했어도 어린 에밀의 눈에 그 책은 대단해 보였습니다. 작가에 대한 감탄과 존경심이 절로 일었지요. 특히 다음 구절은 소년의 가슴을 마구 뛰게 만들었습니다.

"구릿빛 피부를 가진 사람들을 경계하라. 그들의 능력과 찬란한 빛이 안개에 둘러싸인 당신들의 나라를 뒤흔들 것이다. 태양이 구릿빛 사람들이 살고 있는 나라에서 빛나고 있으니."

\*

개인의 역사는 시대와 무관하게 형성될 수 없지요. 존재는 시대의 산물이기도 합니다. 19세기와 20세기에 걸쳐 활동한 흑인 민족주의자들은 그들의 주장 안에 모순과 갈등을 내재하고 있다고 합니다. 흑인과 아프리카의 위대함을 주장했지만 유럽 중심주의의 문명화 담론에 얽매여 있었고, 흑인민중을 '구원'하겠다는 소명의식으로 나섰지만 권의주의와 엘리트주의 자세를 버리지 못했다고 하지요. 그러나 미국 역사학자 윌슨 제레미야 모지스(Wilson Jeremiah Moses, 1942- )는 그들의 내적 모순과 보수적 이데올로기는 본격적인 탈식민주의로 나아가기 위한 과도기적 과정이자 '창

---

17) 이경원, 『검은 역사 하얀 이론』, 한길사, 2011, p.97-98.

조적 갈등'이라고 말합니다.[17] 반식민 또는 탈식민 투쟁을 주장하는 탈식민주의 담론은 제2차 세계대전 이후가 되어서야 본격적으로 발전하지요.

토발루의 흑인 민족주의 활동도 프랑스 체제라는 울타리를 전제로 했고 조국 다호메이와 아프리카의 완전한 독립까지 구상하지는 못했습니다. 엘리트주의와 문명주의는 그의 사상적 기반이었어요. 이런 이유로 토발루는 타협주의자나 동화주의자라는 비난을 받기도 합니다. 그러나 토발루가 평생에 걸쳐 바꾸려고 노력한 식민주의는 한편으로는 그가 보고, 배우고, 알고 있는 유일한 세상이기도 했지요. 그가 받아들인 '문명화 사명'이 아프리카의 고유성을 온전히 보전하는 것을 바탕으로 했다는 것을 기억할 필요가 있습니다. 토발루는 식민지 본국처럼 자유와 평등을 근간으로 한 시민사회, 선구적 '모더니티'의 길로 향해가는 서구의 역사를 그의 조국 다호메이와 아프리카에서도 실현하고 싶었습니다.

프랑스 시민권을 갖는다는 것은 부당한 식민지 차별에 저항해 평등한 대우를 요구할 수 있는 권리를 의미했어요. 그것은 모든 사람이 보편적 평등을 누리는, 토발루가 꿈꾸는 미래로 향하는 첫 단추였지요. 불행히도 그의 담대한 요구는 시대에 비해 너무 이른 생각이었습니다. 토발루의 주장은 그가 죽고 10년이란 세월이 흐른 뒤, 제2차 세계대전 종전 후에야 이뤄지니까요. 비로소 프랑스 식민지 국가들의 연합체(프랑스 연합, Union Française)가 구성되고 피식민지인들은 식민지 본국의 사람들과 동등한 의무와 권리를 갖게 됩니다. 그토록 차별적이었던 식민지법 랭디제나도 공식적으로는 폐지됩니다.

토발루가 그랬던 것처럼 우리도 제국주의 역사 안에서 그를 바라봅니다. 한 사람을 이해하기 위해서는 그를 담았던 세상의 틀을 해석하는 일이 필요하니까요. 토발루가 20세기 이후에 태어나 식민주의가 끝나는 시절에 살았었더라면 어땠을지 잠시 상상해봅니다. 한 정치학자의 주장처럼 베냉의 정치적 불안이 현대적 제도와 전통적 가치 통합의 실패 때문이었다면 토발루가 품었던 다원적 가치(정체성)가 그들을 절충하는 역할을 잘 해낼 수 있지 않았을까요. '흑인다움'과 '프랑스인다움'을 온전하게 실천했던 인물이니까 말입니다.

오늘날 그의 흔적은 코토누 중심가에 한 거리의 이름으로 남아있습니다. 많은 사람들이 흑인 지식인 토발루의 이름을 기억하지는 못하더라도 그가 조국 베냉을 넘어선 범아프리카주의 운동의 선구자였음은 틀림없지요. 다시 한 번 토발루의 사진을 들여다봅니다. 사진 속 모습만큼이나 당당하고 힘찼던 그의 삶은 흑인 민족주의 발전의 씨앗이 되어 훗날 아프리카 독립을 이루는데 초석이 됩니다.

마담 무뚱

세상을 이성과 감성의 세계로 단순 이분화한다면 전자는 유럽, 후자는 아프리카 흑인 노예들의 공이 크다고 생각하는 사람. 그들에 대한 부채감을 아프리카에 대한 관심으로 대신하고 있다.

# 베냉의 영혼, 부두교

베냉을 다룬 책에서 부두교가 빠진다는 건 말도 안 돼요! 부두교는 베냉에서 태어난 종교로, 오늘날에는 인도양을 비롯한 세계 각지에 흩어진 흑인 디아스포라의 삶과 사고에 지대한 영향을 미치고 있답니다. 비록 우리에겐 '좀비'나 '부두 인형'과 같은 신비로운 요소로만 알려져 있지만요. 이 글이 여러분에게 부두교의 '진짜' 이야기를 전할 수 있기를 바랍니다!

좀비, 저주 인형, 흑마술. 이런 단어를 들으면 어떤 생각이 드시나요? 저는 딱히 웃음이 나오진 않지만 낯설지는 않고, 또 그다지 내 삶 속에서 겪고 싶지는 않지만, 한 발자국 떨어진 곳에서 한 번쯤 경험은 해보고 싶고. 딱 이 정도인 것 같습니다. 우리가 살면서 보게 된 여러 영화, 드라마, 게임 속에 등장하며 우리와 불편한 친밀감을 쌓아온 소재죠. 이 소재의 영감은 저 먼 아프리카에서 왔습니다. 정확히 말하자면 아프리카 대륙의 서쪽, 베냉이라는 나라, 그 나라의 부두교에서 이야기가 시작됐죠. 생각해보면 참 대단한 일이에요. 우리가 좀 떨떠름하긴 하지만 친숙하다고 느낄 만큼, 미디어에서 이 부두교를 많이 비춰줬다는 거잖아요. 미디어의 선택을 받은 미스터리한 아프리카의 종교. 물론 이 미디어의 빛이 어떤 사각지대를 밝히는 한 줄기 희망의 빛은 아니었죠. 미디어 속 부두교는 꽤 자주 왜곡되고, 호도되고, 악용됐습니다. 그러기에 너무 좋은 소재였으니까요. 악마의 종교 부두교, 걸어 다니는 시체 좀비, 바늘이 가득 박힌 저주 인형, 불길한 주문을 외우는 흑마술. 흥미롭기 그지없습니다. 어디까지가 이 아프리카 종교의 진실일까. 베냉이라는 나라에 관해 쓰기로 했을 때, 저를 두드린 건 이 나라의 종교, 부두교에 대한 호기심이었습니다. 결국 제가 이 파트를 맡게 되었습니다만, 글쎄요. 제대로 쓰려면 제가 한번 좀비가 되어봐야... 넵. 시작하겠습니다.

## 아프리카 안팎의 부두교, 그리고 좀비

제가 이 책에서 부두교에 관해 쓰는 건 이 종교가 아프리카 베냉에서 생겨났기 때문입니다. 하지만 사실 부두교는 베냉에만 머물지 않습니다. 부두교는 세계 곳곳으로 퍼졌는데 그중에서도 카리브해의 섬나라 아이티(Haiti)와 미국의 루이지애나(Louisiana)에서는 베냉에서만큼이나 번성하고 있죠. 어떻게 아프리카의 작은 나라에서 시작된 토속 종교가 이렇게 바다 건너까지 유명해질 수 있었을까요? 답은 사람이 바다를 건넜기 때문입니다. 종교에서 정신적인 믿음, 영적인 체험, 지켜야 하는 교리 등은 모두 중요하죠. 하지만 일단 사람이 있어야 합니다. 부두교를 믿는 '사람'들이 바다를 건너 세계 곳곳으로 퍼졌습니다. 어떤 종교적 사명이 아닌 노예무역이라는 타의적인 이유에서였죠. 아프리카, 베냉 외에 부두교가 나름의 번성을 이어가고 있는 곳은 17, 18세기에 강제로 이주한 노예들의 후손이 많은 땅입니다. 부두교는 그 지역 원주민의 토속 신앙과 그곳에서 그들을 지배한 이들의 종교와 결합해 새로운 형태로 발전했습니다. 그러다 보니 아프리카 밖의 부두교는 베냉의 부두교와는 상당히 다른 모습을 보이게 됐죠.

　베냉을 넘어간 신대륙의 부두교를 간단히 짚고 가볼까요? 미국 남부나 아이티에서 노예 생활을 하게 된 부두교 신자들을 지배한 건 스페인, 프랑스인이었고, 그들의 종교는 가톨릭이었습니다. 노예로 부려야 하는 사람들이 자신들만의 종교를 믿으며 뭉친다? 용납할 수 없었을 겁니다. 같은 신념을 가진 사람들이 무리를 이뤄 저항의 꿈을 꿀 때 반란은 시작되는 법이니까요. 게다가 부두교는 '문명화'된 유럽인의 시각에서 봤을 때 미개하기도 했습니다. 노예들에게 허용된 유일한 종교는 가톨릭이었습니다. 1685년 프랑스 루이 14세(Louis XIV)가 공포한 흑인법전(Code Noir)의 제2조는 모든 노예의 가톨릭 교육과 세례를, 제3조는 가톨릭 외 모든 종교 행위의 금지를 명시합니다. 법으로 가톨릭으로의 개종을 강제했죠. 이미 사슬에 묶여 대서양을 건너와 반항할 힘도 없었고, 농장에서도 여러 민족과 뒤섞인 탓에 자기 뿌리에 대한 기억을 유지하기 힘들었던 아프리카 노예들. 그들에게서 현실의 괴로움을 버텨낼 종교까지 앗아간 것일까요? 앗아가긴 했지만 빼앗기진 않았습니다. 무슨 말이냐고요? 가톨릭은 부두교의 교리, 믿음, 의식 곳곳에 스며듭니다. 부두교는 가톨릭을 방패 삼아 주인과 교회의 시선을 피합니다. 그러니까 노예들은 가톨릭 신앙 활동인 것처럼 부두교를 위장해 자신들의 종교 활동을 계속해나가죠.

그런데 여기서 의문이 생깁니다.
두 종교가 비슷해야 위장할 구실이
라도 있을 텐데 부두교는 빙의되고,
마법 약을 처방하고, 조상을 숭배하
고. 어디 하나 가톨릭과 공통점을 찾
기는 힘들어 보이잖아요? 그런데 찬
찬히 살펴보면 있습니다. 일단 두 종
교는 '신은 단 하나'라는 유일신 사상
이 같습니다. 종교에 있어 가장 핵심
이 되는 뼈대가 같은 셈이죠. 우상 숭

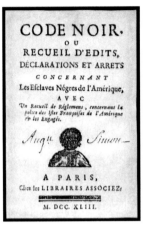

그림1. 흑인법전(1743년 판)

배로 비칠 수 있는 부두교의 초자연적인 정령, 르와(Lwa)는 가톨릭
의 성인과 대응됩니다. 사람들은 가톨릭의 성인을 섬기듯 르와를
섬겼습니다. 가톨릭의 성수와 성물도 부두교 의식에서 거리낌 없
이 사용했고요. 물론 제가 위장이라고 표현했지만, 부두교를 믿는
이들에게 이건 눈속임이 아닐 수 있습니다. 그냥 평행선처럼 겹치
지는 않는데 동시에 존재하고, 함께 믿는 거죠. 아이티는 90% 가톨
릭, 10% 기독교, 그리고 '100% 부두'라는 아이티인의 농담이 좋은
설명이 될 것 같네요. 가톨릭 의식에 참여하는 것처럼, 가톨릭 성인
을 섬기는 것처럼 그렇게 부두교는 명맥을 이었습니다. 이렇게 살
아남은 부두교는 각기 다른 곳에서 온 아프리카 노예들이 낯선 땅

에서 공동체의 유대감을 키울 수 있게 해주었고, 자유를 위한 투쟁의 밑거름이 됩니다.

부두교의 전통이 순수하게 유지되는 곳은 베냉이고, 이 책도 베냉에 대한 건데 아프리카 밖 부두교에 대한 부분이 길어지네요. 하나만 더 이야기하고 가겠습니다. 제법 익숙한 우리의 친구, 좀비.

그림2. 가톨릭의 상징 십자가와 부두교의 르와 바롱 삼디(Baron Samedi)

영상1. World of Vodou Healing in Haiti (가톨릭과 결합된 아이티 부두 의식)

콩고어의 은잠비(Nzambi)가 그 어원으로 여겨지지만, 우리가 '아는' 좀비의 특성을 갖추게 된 곳은 아이티라고 볼 수 있습니다. 좀비는 여러 매체에서 너무나 사랑받는 소재입니다. 요즘 매체 속 좀비는 사람보다 빨리 뛰기도 하고, 감정을 보이기도 하고, 잘 죽지도 않는 등 그 특징이 점점 다양하게 '진화'하고 있지만, 한마디로 정의하면 살아있는 시체이죠. 육신은 살아있지만, 영혼은 없는 상태라고 할 수 있어요. 부두교에서 영혼은 신만이 다룰 수 있는 영역이기에 주술로 살려낼 수 있는 건 육신뿐입니다. 좀비는 주변에 대한 자각은 있지만 반응을 할 수 있는 의지가 없고, 그에게 주술을 건 사제인 보코(Bokor)에게 조종당합니다. 사람들은 '좀비' 그 자체보다 '좀비가 되는 것'을 두려워하죠. 죽지 못하는 존재, 좀비가 될까 봐 시체에 독약을 먹여 죽음을 재차 확인하고, 아무도 무덤에 접근하지 못하도록 밤새 지키기도 합니다. 흑인 노예의 노동력이 섬을 떠받치는 근간이었던 아이티에서는 이렇게 좀비가 되면 영혼이 그들의 고향인 아프리카로 돌아가지도 못하고, 영원히 노동력을 착취당해야 한다고 믿었기 때문에 두려움이 상당히 컸습니다. 좀비의 이야기는 이처럼 아이티에 있었던 노예 제도와 밀접하게 영향을 주고받으며 퍼져나갔습니다.

여기까지가 문화와 신앙 속에서의 좀비였고, 이제 과학적, 의학적으로 살펴보겠습니다. 부두교 사제든 누구든 죽은 사람을 살리는 건 당연히 불가능해요. 산 사람을 죽은 것처럼 만들었다가 깨우는 방식이라는 설명이 그나마 설득력이 있죠. 그 방식의 핵심은 치명적인 신경 독으로 알려진 테트로도톡신(Tetrodotoxin)입니다. 1980년대 인류학자이자 과학자인 웨이드 데이비스(Davis E. W.)[18]는 아이티 여러 지역에서 좀비를 만드는 '약물'을 모아 살펴본 결과, 모두 카리브해 복어에서 나오는 독, 테트로도톡신이 들어있었다고 보고했습니다. 그 외의 재료에는 사람의 뼈를 비롯해 말린 두꺼비, 바다 벌레, 도마뱀, 독거미의 일종인 타란툴라(tarantula) 등이 있었죠. 테트로도톡신은 많은 양을 사용하면 몇 분 안에 사망에 이르게 할 수 있을 만큼 치명적이지만, 치사량 이하에서는 사람을 '정지'시키는 정도의 작용만 합니다. 적당량의 테트로도톡신에 노출된 사람의 호흡은 미세해서 관찰하기 힘들고 심박수도 0에 가깝지만, 의식이 없지는 않습니다. 이들은 죽지 않았지만 겉으로 보기엔 죽은 것과 다름없기 때문에 땅에 묻힙니다. 이후 묘지에서 다시 꺼내진 이들은 지속적으로 환각제, 마취제 등을 투여 받으며 기억과 의지를 잃은 채 노예처럼 살게 되죠. 좀비를 만든 건 어쩌면 부두교가 아니라 고향을 잃고 낯선 땅에 끌려온 이들을 죽을 때까지, 아니 죽어서까지 착취했던 부당한 노예 제도가 아닐까요?

---

18) Davis E. W. (1983). "The ethnobiology of the Haitian zombi. Journal of ethnopharmacology".

## 부두교 아는 척하기, 그리고 르와

아프리카 밖의 부두교 이야기를 마무리하고, 베냉으로 왔습니다. 부두(Voodoo)의 원명은 보둔(Vodun)입니다. 서아프리카 폰(Fon) 사람들의 언어, 폰어로 영혼이라는 뜻이죠. 부두교는 1996년에 베냉의 공식적인 종교로 인정됩니다. 부두교가 시작된 땅인 베냉에는 그 전통이 가장 순수하게 남아있습니다. 부두교에 대해 좀 알아볼까요? 부두교의 핵심은 르와를 섬기는 것이라고 할 수 있습니다. 르와는 요루바어(Yoruba)로 신비(Mystery)라는 의미인데요, 정령 또는 초자연적인 존재를 말합니다. 르와는 인간의 몸뿐만 아니라 강, 산, 공기, 물 등 자연물 안에 존재할 수 있죠. 인간에게 우호적인, 혹은 적대적인 수많은 르와가 있습니다. 아니 아까 부두교는 신이 하나라고 했잖아요? 맞습니다. 부두교는 여러 신을 섬기는 다신교가 아닙니다. 수많은 르와를 섬기지만, 르와는 신이 아니기 때문에 다신교는 아니죠. 신, 초월적인 창조자는 본디에(Bondye)입니다. 르와는 이 신 본디에와 인간 사이를 연결해주는 매개체, 하부 정령입니다. 위대한 신 본디에는 인간을 별로 신경 쓰지 않지만, 르와는 다릅니다. 농사나 전쟁, 사랑 등 인간의 다양한 활동에 관심을 갖고 있고, 계약에 따라 관여하기도 합니다. 신보다 훨씬 친숙하고, 인간의 일상과 깊이 연관돼 있죠. 르와는 선한 인간이든 악한 인간이든 제물과 의식을 통해 기원하는 자에겐 힘을 빌려줍니다. 반대로 자신이 제대로 대접받지 못한다고 느낀다면, 각

종 불행을 줍니다. 절대 선에 가
까운 다른 종교에서의 신 개념과
는 차이가 느껴지죠? 르와는 주고
받는 게 확실한, 영적인 거래 대상
느낌이고, 딱히 도덕적이지도 않
습니다.

그림3. 바롱 삼디에서 모티브를 얻은 디즈니
애니메이션 《공주와 개구리》의 악역, 파실
리에(Facilier)

르와의 종류는 다양합니다. 종
류는 무려 1,000개가 넘고, 기록
된 이름도 200개에 달한다고 하
죠. 이들이 어떤 권위를 갖느냐 또한 다를 수밖에 없습니다. 르와의
우두머리로 여겨지는 레그바(Legba)부터 살펴볼까요? 레그바는
의례에서 제일 먼저 나와 초자연세계와 인간을 가로막는 장애물
을 걷어 내는 역할을 합니다. 또 사원, 마을 입구, 교차로 등을 지키
죠. 레그바보다 서열이 낮은 르와를 몇 개 더 살펴보면 호전적인 용
맹함을 가진 오구(Ogou), 농경과 관련된 쿠쟁 자카(Kouzen Zaka),
죽음을 주관하는 브라브 제데(Brave Guede)와 바롱 삼디(Baron
Samedi) 등이 있습니다. 바롱 삼디는 턱시도 차림에 시가를 물고,
럼주를 든 흑인 남성 또는 해골로 묘사되는데요, 이런 독특하고 상
징적인 비주얼은 영화나 애니메이션에서 등장하는 부두교 캐릭터
에게 영감을 주기도 했습니다.

이처럼 르와는 종류도 많고, 인간 활동에 대해 관심도 많고, 관여
도 많이 하고, 변덕도 심합니다. 인간의 삶에 큰 영향을 끼치는 존

재인데 다루기가 쉽지 않으면 어떡하죠? 다행히 이 르와를 잘 구슬려주는 사람이 있습니다. 바로 부두교 제사장입니다. 남자는 운강(Oungan), 여자는 망보(Manbo)라고 불립니다. 사람들은 르와의 메시지를 해석하기 위해, 르와의 영향력과 관련해 도움을 청하기 위해 제사장을 찾아갑니다. 어떤 르와가 나에게 해를 끼치려고 할 때 제사장은 의식을 통해 통제력을 발휘할 수도 있고, 다른 르와를 불러 그 부정적인 힘을 상쇄할 수도 있습니다. 제사장은 이 능력을 조상으로부터 물려받거나 꿈, 신의 뜻을 증언하는 병을 통해 얻습니다. 부두교 의식의 목적은 영과의 접촉입니다. 제사장은 영과 접신해 사람들이 물은 문제에 대한 해결책, 조언, 영적 인도 등을 받아내고, 이를 통해 사람들을 치유합니다.

의식은 연례적인 행사나 결혼식, 장례식에서, 때로는 개인의 요청에 따라 수시로 행해집니다. 의식은 추는 춤이나 사용되는 악기, 제물 동물 등에 따라 독특한 의례를 갖는데요, 이 가운데 중요한 의식 세 가지를 꼽자면, 라다(Rada), 페트로(Petro), 콩고(Kongo)가 있습니다. 라다 의식은 입회식에서 사용됩니다. 모든 입교 의례는 항상 라다 의식으로 치러지죠. 라다 의식에서 숭배하는 건 본질적으로 온화하다고 여겨지는 다호메이 출신의 르와입니다. 치유, 회복 등 모든 행동이 선을 지향하죠. 페트로 의식은 그 반대입니다. 페트로 의식은 생도맹그(Saint Domingue)[19] 출신의 복수심이 넘치고 잔혹한 르와를 대상으로 합니다. 콩고 의식은 반투(Bantu) 출신 르와와 관련돼 있습니다. 이렇게 의식에 따른 르와의 분류가 절대적인 것은 아닙니다. 콩고의 르와가 페트로 의식에 합류하기도 하는 등 서로 오갈 수 있고, 경계도 흐릿하지요.

깃발과 성스러운 북에 대한 인사로 의식이 시작됩니다. 부두교 신자들은 깃발을 흔들고, 북을 치고, 장단에 맞춰 춤을 추죠. 의식은 르와를 부르기 위한 겁니다. 앞서 말했듯 까다로운 르와가 그냥 올 리가 없죠. 제물이 필요합니다. 염소, 닭과 같은 산 제물 또는 그 형상을 본뜬 대체물을 바칩니다. 밀가루나 옥수숫가루, 모래, 소금 등으로 땅에 르와를 상징하는 문양, 베베(Vèvè)를 그리고, 음악과 춤이 분위기를 고조시키면 르와가 나타납니다. 르와의 등장이 의식의 핵심이죠. 이때 몇몇 사람들은 '신들림'을 겪게 됩니다. 르와에게 '선택'을 받았다고 표현할 수 있습니다. 신들린 사람들의 모습은 정말 다양합니다. 난폭해지기도 하고, 이성을 유혹하기도 하고. 몸을 이상하게 뒤틀기도 합니다. 르와의 모습이 재현되는 것이니 다양한 르와의 종류와 성격이 그대로 드러납니다. 예를 들어 무지개 뱀이 상징인 르와, 담발라(Damballa)가 들어온 사람은 뱀처럼 혀를 날름거리며 땅바닥을 기어 다닌다고 합니다. 이렇게 르와가 나타나면 그 의식은 성공한 겁니다.

---

19) 서인도 제도의 아이티는 1492년 스페인에 점령됐다. 이후 프랑스인이 아이티에 입성했고, 1697년 리스위크 협정이 체결됨에 따라 스페인은 아이티섬의 3분의 1을 프랑스에 넘겨준다. 그후 이곳은 생도맹그라 명명됐다.

그림4. 아이티 화가 이폴리트(Hector Hyppolite)가
그린 담발라

그림5. 레그바의 베베

 영상2. 베베 그리기 (Vèvè drawing before the Rara)

## 편견 속 부두교, 그리고 부두 인형

이렇게 부두교를 조금 알고 보니, 어떤가요? '산 제물을 바치는
의례라니, 당시 서양인들이 꺼릴 만하네.'라는 생각도 들고, '우리
들의 토속 신앙과 비슷한 보통 종교구나.'라는 생각도 들고, 여러
생각이 어지럽게 공존하는 듯하네요. 부두교 안에서 살아가는 사
람들에게 부두교는 의식과 행동규범이 있는 상징체계입니다. 르와
의 기억을 공유하고, 숭배하며 일상에서 함께하는 종교죠. 이번엔

부두교에 덕지덕지 붙어있는 여러 오해, 과장, 왜곡의 조각이 어떻게 만들어졌는지 살펴보면서 그 조각들을 털어버리려고 합니다.

　부두교에 대한 악마적 이미지는 상당 부분 서양인들과 접하면서 생겨났습니다. 그들의 눈에 부두교는 문명의 혜택을 받지 못한 '열등'한 흑인들의 미개한 문화로 비쳤죠. 베냉보다 서양인과의 접촉이 많았던 곳, 아이티 부두교의 모습이 부두교의 일반적인 이미지가 되어 퍼져나갑니다. 아이티는 1791년에 혁명을 시작했고, 1804년 프랑스로부터 독립합니다. 노예 혁명으로 이룩한 최초의 흑인 독립국이 된 겁니다. 이 독립의 과정에서 부두교는 흑인 노예들의 정체성과 정신을 지키는 상당히 중요한 역할을 했습니다. 백 년 넘게 식민 지배하며 자원을 갈취하고, 노예들을 착취해왔던 서양인의 눈에 부두교가 곱게 보일 리가 없었습니다. 이들은 혁명에 참여한 노예들을 마법사의 사주를 받고, 검은 돼지의 피를 마시며 백인에게 복수하는 광신도로 간주했습니다. 편견과 혐오가 가득한 서양인들의 기록을 통해 부두교의 이미지는 본격적으로 왜곡되어 전파됩니다. 프랑스 여행가 폴 도르무아(Paul Dormois)는 인신 공양을 하며 향연을 벌이는 열등한 '검둥이들'이라고 표현했고, 전직 영국 영사인 스펜서 세인트 존(Spenser St. John)은 식인과 인신 공양을 하는 부두교가 아이티 문명을 퇴보시킨다고 지적했습니다. 이렇게 대놓고 인종차별적인 시각을 드러내는 일방적 표현보다는 조금 나은 기록도 있습니다. 여행가 미셸 에티엔 데쿠르틸(Michel

Étienne Descourtilz)은 자기 노예에게 들은 '광란'의 부두교 의식 과정을 이렇게 전합니다. 그는 특히 마술을 이용해 복수한다는 점이 인상 깊었나 봅니다.

"부두교 신자들은 광적인 상태에 빠져 허공을 향해 발을 처들고, 맹수처럼 울부짖고 입에 거품을 물기도 한다. (…) 영적 지도자 돔페트는 독약을 일상적으로 사용한다. 부두교 집단은 복수를 할 수 있는 마술적인 수단을 갖고 있다. 복수하고자 하는 대상의 소변에 가오리의 가시를 던져 쇠약증에 걸리게 하는 것이다."

– 미셸 에티엔 데쿠르틸 『자연주의자의 여행』(1809년)[20]

변호사이자 작가였던 모로 드 생메리(Moreau de Saint-Méry)는 뱀을 숭배하는 부두교 신자들의 모습을 묘사하는데요, '원시적'이라는 표현이 돋보이네요.

"과거에 대한 지식, 현재에 대한 통찰, 미래에 대한 예지와 같은 모든 능력을 쿨뢰브르 뱀은 지니고 있다. (…) 원시적 순결성이 유지되는 진정한 부두 집회는 깊은 밤, 폐쇄된 장소에서 비밀스럽게 이뤄진다."

– 모로 드 생메리 『프랑스령 생도맹그섬에 대한 지형학적, 물리적,
시민적, 정치적, 역사적 설명』(1797년)[21]

---

20) Michel Étienne Descourtilz. (1809). Voyages d'un naturaliste.

미국이 아이티를 점령했던 기간(1915-1934), 그리고 그 이후에도 언론과 영화, 대중소설은 부두교를 미신과 주술이 가득하고 사람을 재물로 바치는 어둡고 미개한 종교로 그렸습니다. 1930년대에 나온 책『라 고나브의 백인 왕』과 영화《하얀 좀비》도 마찬가지였죠.

부두교가 얼마나 많은 의도적인 곡해와 비의도적인 오해 속에서 알려져 왔는지, 단적으로 보여주는 예는 부두 인형이 아닌가 생각합니다. 부두 인형은 좀비와 함께 부두교 이미지의 양대 산맥 아닐까요? 짚이나 나무로 만든 인형에 해를 가하고자 하는 사람의 손톱, 머리카락 등을 넣고, 바늘을 꽂거나 태우면 그 사람에게 저주가 걸린다고 하죠. 하지만 이건 부두교, 더 확대하면 아프리카의 종교에 대한 부정적인 인식에 편승해 덧입혀진 이야기 중 하나일 뿐입니다. 인형이 저주의 수단, 악의 통로라는 생각은 고대 중동에서 유래됐습니다. 부두교에도 인형은 있지만, 저주를 걸기 위한 목적으로 사용되지는 않습니다. 오히려 그 반대로 치유를 의미하는 경우가 대부분이고, 소통의 수단으로 여겨지기도 합니다. 묘지의 나무에 걸린 인형은 최근 하늘나라로 떠난 사람과의 이어짐을 의미하고, 부두교 의식에서 인형은 르와를 부르거나 소통하기 위해 사용되지요. 치유하고, 소통하고, 안내하고. 어느 것 하나 부정적인 것

---

21) Moreau de Saint-Méry. (1797). Description topographique, physique, Civile, politique et historique de la partie française de l'isle Saint-Domingue.

이 없는데 부두교의 인형이 사악한 저주의 대표적인 상징으로 알려진 건 꽤 씁쓸한 일입니다. 사실이 아닌 내용은 또 다른 편견을 불러오니까요.

더 씁쓸한 건 부두교가 미개하다는 이런 '미개'한 주장이 21세기인 지금도 여전히 진행 중이라는 겁니다. 지난 2010년 아이티에서는 리히터 규모 7.0의 강력한 지진이 발생했습니다. 대통령궁, 국회의사당을 비롯해 공항, 병원 같은 주요 건물이 파손됐고, 사망자는 23만 명 이상, 피해를 본 인구는 아이티 전체 인구의 3분의 1인 300만 명에 달했죠. 지진의 원인은 거대한 지각판의 충돌이었습니다. 명백히 과학적인 설명이 가능한 자연현상이죠. 하지만 이러한 재해가 악마의 땅 아이티에 내려진 '저주'때문에 일어났다는 황당하고 몰지각한 발언이 나와 논란이 됐습니다. 미국의 팻 로버트슨

그림6. 부두 의례용 도구 시장

그림7. 부두 의례용 도구 및 인형

(Pat Robertson) 목사는 1세기 전 아이티인들은 프랑스로부터 독립하기 위해 악마와의 협정을 맺었고, 그 이후 잇달아 저주받게 됐다고 주장했습니다. 부두교에 대한 오해를 넘어 인종 차별적인 혐오 발언입니다.

## 노래와 춤, 그리고 부두 페스티벌

부두교에 대한 어두운 이미지로 글을 시작했으니 끝은 부두교의 활기찬 모습으로 마무리하려 합니다. 부두교의 요람인 베냉에서는 매년 1월 10일, 부두 페스티벌(Fête du Vaudou)이 열립니다. 공휴일이기도 한 이때, 전국에서 각종 기념행사가 열리지만, 해안 도시 우이다(Ouidah)의 행렬이 가장 유명하지요. 수천 명의 부두교 신자들이 수십 가지 의식에 참여합니다. 염소를 제물로 바치면서 시작되는 페스티벌은 노래와 춤과 북소리로 가득 차 있습니다. 여행가들에게 아주 매력적인 여행 상품입니다. '신화와 종교, 현실이 뒤섞인 특별한 경험', '서아프리카 영적 심장으로의 여행', '서아프리카의 영혼을 발견해보세요'. 부두 페스티벌을 소개하는 글이 참 흥미롭습니다. 부두 페스티벌의 시작은 1993년입니다. 당시 베냉의 대통령 니세포르 디에우딘 소글로(Nicéphore Dieudonné Soglo)는 부두 페스티벌을 통해 부두의 전통과 문화를 되살리고, 정체성을 찾고자 했죠. 유튜브에서 부두교를 검색했을 때, 부두교에 대한 오해를 양산하는 영상만큼이나 부두교를 제대로 알리기 위한 부두 페스티벌 영상이 많은 걸 보면 그 노력이 어느 정도 결실을 맺은 것 같습니다.

자, 이제 부두교라는 단어를 들으면 어떤 생각이 드시나요? 저는 여전히 조금은 낯설지만, 그들의 삶의 방식, 의례, 믿음을 있는 그대로 존중하고, 때때로 나오는 해학적인 모습에서는 마음 편히 웃을 수 있게 되었어요. 한 번쯤은 꼭 부두 페스티벌에 가서 새로운 경험과 다채로운 색채에 푹 빠져 보고 싶다는 생각도 들고요. 여러분의 마음을 호기심이 두드리길 바라며 마지막으로 흥미로운 부두 페스티벌의 모습을 담은 영상을 추천합니다.

"똑똑. 베냉의 영혼, 부두교입니다."

그림8. 베냉 부두 페스티벌

그림9. 베냉 부두 페스티벌

영상3. Yanick Folly à la fête de Vodoun
le 10 Janvier 2019 à Grand-popo au Bénin
(베냉 부두 페스티벌)

조주

나를 키운 건 필할이 어린왕자. 어린 시절 읽은 어린왕자 속 비오밥나무를 직접 보고 싶다는 바람을 타고 아프리카 여행을 다녀왔다. 이전히 니에겐 '청산'인 아프리카를 품고 이런저런 글로 가득한 일상을 사는 중이다.

# 음식의 디아스포라,
# 베냉 미식여행

한 나라의 음식을 먹는 것만큼 그 나라를 잘 느낄 수 있는 방법이 또 있을까요? 베냉 사람이 만들어준 베냉 음식을 먹은 '지독하게' 운 좋은 사람이 저희 아프리카마치에 있었답니다. 음식과 연결된 삶의 경험과 단상이 어우러진 이 글에서 우리는 음식이 주는 힘과 위로를 물씬 느낄 수 있을 거 같습니다. 자, 군침 돌 준비, 살짝 가슴 뭉클해질 준비 되셨나요?

"음식은 우리의 공통점이요, 보편적 경험이다."

- 제임스 비어드(James Beard)


## 다르지만 같아! 너와 나의 연결고리

저는 개인적으로 '베냉'에 대해 아주 좋은 기억을 가지고 있어요. 좀 더 자세히 말하면, 단순히 좋다고만 할 수 없을 정도로 따뜻하고 포근한 기억입니다. 그리고 이 기억은 한 친구로부터, 그리고 그 친구가 해주던 요리에서부터 비롯되지요.

제가 NGO에서 일하던 시절, 니제르에 파견되어 2년간 생활하던 때가 있었어요. 니제르는 서아프리카에 위치한 내륙국으로 국토의 80% 정도가 사하라 사막으로 이루어진, 그리고 국민의 95% 이상이 무슬림인 국가예요. 너무나도 다른 환경과 문화, 그리고 처음 접하는 일과 사람들. 모든 것이 낯설고 서럽고 힘들던 그 때, 제게 식사시간은 유일한 행복이자 위안이었습니다.

편의상 친구를 P라 할게요. (혹시라도 그녀가 본명을 밝히길 원하지 않을 수 있으니까요!) P는 베냉에서 돈을 벌기 위해 니제르에 왔었더랬어요. 매년 인간개발지수(Human Devaelopment Index)[22]에서 늘 가장 뒤에 있는 니제르는, 지금도 그렇지만, 국제기구와 NGO들에게 있어 정말 너무나도 "해야 할 일이 많은 곳"입니다. 그리고 그만큼 많은 외국인들이 국제개발협력이라는 신념 혹은 미명하에 낯선 환경과 문화권에서 주어진 임무를 열심히 수행하며 생활하고 있지요. P는 원래 제가 있던 NGO에서 청소 등 건물 관리와 직원들의 점심식사를 보조하던 직원이었어요. 아, 정말이지 사무실에서의 점심식사는 가장 행복한 시간이었습니다. 당시 치안과 정정불안 등의 이유로 외국인 직원에 대한 여러 제재가 있었거든요. '통금령(le couvre-feu)'이라 불렸던 외출금지가 대표적이었습니다. 20시 이후에는 외출할 수 없었고, 20시 이전에도 갈 수 있는 구역(zone)이 한정되어 있었어요. 수도였지만 갤러리나 영화관도 없었고, 레바논인이 운영하는 마트에 가는 정도가 허락된 일탈(?!)이었지요. 아주 커다란 감옥에 갇혀있는 느낌이었어요. 정전도 자주 되곤 했는데, 저녁에 정전이 되면 적막과 어둠 한가운데 앉아 그 갑갑함을 오롯이 느껴야만 했습니다. 그런 일상 가운데 사무실

---

22) 유엔개발계획(United Nations Development Programme)에서 매년 각국의 교육수준과 국민소득, 평균수명 등을 조사해 인간개발 성취 정도를 평가하는 지수 [두산백과]

에서의 점심은 사람들과 편히 함께 할 수 있는, 그리고 "나도 한 그룹의 일원이구나!"라는 소속감을 느낄 수 있는 가장 행복한 시간이었습니다. 보통 튀긴 닭에 플랜틴(Plantain)[23]을 같이 내거나, 소고기 스튜(라고 해봤자 소고기는 작은 한두 덩어리 밖에 들어있지 않은, 그마저도 국물 양 조차 성에 차지 않았지만)를 곁인 쿠스쿠스(Couscous)[24], 그리고 가끔 틸라피아(Tilapia)[25] 같은 민물생선이 나왔습니다. 천장 팬이 덜거덕 거리며 돌아가는 야외 테이블에서 땀을 뻘뻘 흘리면서도, 맛있는 음식과 직원들과의 이야기로 웃음이 끊이지 않았습니다.

P는 당시 외국인 직원들 사이에서도 일을 잘하기로 유명했어요. 손도 야무진데다가, '바다 생선'을 요리할 수 있는 친구였기 때문입니다. 베냉이 어떤 나라인지 잘 몰랐지만, 저는 P에게 자주 "오, 베냉! 바다가 있는 나라! 한국이랑 같잖아!"라는 말을 던지곤 했습니다. 바다에 왜 그리 집착했는지 모르겠지만, 아마도 그것이 니제르에서 느낀 여러 다름과 힘듦을 가장 상징적으로 표현하는 단어

---

23) 인도와 카리브해가 원산지인 바나나의 한 종류로 다른 바나나 종류에 비해 단맛이 덜하고 크기가 커 산지에서는 과일이라기보다 야채로 취급된다. 전분의 함량이 높아 날것의 상태에서는 맛이 좋지 않고 조리하여 먹어야 한다. 열대 지방에서는 중요한 주식으로 활용된다. [두산백과]
24) 듀럼(Durhum)과 같은 단단한 밀을 으깬 세몰리나(Semolina)를 쪄서 만든 식품이다. 북아프리카 마그레브(Maghreb) 지역에서 주식으로 먹으며 리비아, 튀니지와 같은 곳에서는 고기와 당근, 감자 등과 같이 쪄서 먹는다. [위키백과]
25) 중앙아프리카 나일(Nile) 강 유역 원산지인 열대성 담수 어류로, 낮은 용존산소와 담수에서 해수에 이르기까지 광범위한 염분 농도에도 잘 견디는 등 환경의 변화에 대해 저항력이 강하며 맛도 좋아 전 세계적으로 광범위한 양식 어종이다. [위키백과]

라서 그랬던 것 같아요. "바다에 가고 싶어.", "생선이 먹고 싶어." 이런 말들을 통해, 낯설었던 환경과 문화에 대한 조심스러운 투정을 표현했던 게 아니었나 싶습니다.

내륙국인 니제르에서는 바다생선을 구하는 것도, 먹는 것도 쉽지 않았습니다. 생물은 꿈도 못 꾸었고, 마트에 냉동생선과 해산물이 들어오기는 했지만, 정기적으로 들어오는 게 아닌 데다 언제 끊길 지도 모르기 때문에 "OO마켓에 냉동오징어가 들어왔더라!"하면 다른 외국인이 채가기 전에 먼저 사오는 스피드와 눈치, 정보력이 필요했지요. 니제르 생활이 1년쯤 넘어갔을 때는 나름의 노하우가 생겼지만 처음에는 이런 정보도 얻지 못했으니 지금 생각하면 버틴 게 용하다 싶습니다. 아, 그리고 냉동생선과 해산물은 왜 그렇게 비싼지! 게다가 어쩌다 사는데 성공했다 해도 제 똥손은 그 아까운 재료를 냄비 속에서 망쳐버리기 일쑤였습니다.

"바다생선이 정말 너무 먹고 싶어."라고 뱉은 말에, 어느 날 P가 요리를 해주었습니다. 마치 요강처럼 생긴 보온 용기에 담겨있었는데, 처음 뚜껑을 연 그 순간이 지금도 생생해요. 뚜껑에 맺힌 물방울들이 후두둑 떨어지며 수증기 냄새와 함께 훅하고 들어온 비릿한 내음! P가 어디에선가 반건조된 작은 다랑어를 구해 양념해서 요리해 준 것이었지요. (이후로도 가끔 바다생선을 구해다가 요리를 해줬지만, 어디서 어떻게 구했는지는 아직도 미스터리입니다.) 우리의 생선조림과 무척 흡사한 맛이었습니다. P는 이 요리를 옥수수 반죽과 함께 내줬는데, 요리를 보는 순간 저는 이건 밥과 먹어야 한다며

군이 찬밥을 데워 양념에 꾹꾹 말아 먹었지요. 눈물을 흘리면서요. 프루스트(Marcel Proust)의 『잃어버린 시간을 찾아서』에서 주인공이 마들렌 섞인 홍차 한 모금을 먹는 순간 행복감에 젖어들고 예상치 못한 어린 시절의 기억이 떠올랐던 것처럼 말입니다. 막연했던 그리움이 생선요리와 함께 명확해지면서 "엄마 보고 싶어.", "집에 가고 싶어." 하며 펑펑 울었더랬습니다. 물론 생선살도 야무지게 발라먹으면서요. 사실 P가 해준 요리가 '베냉 요리'였는지는 잘 모르겠습니다. 그러나 그녀 또한 한 명의 디아스포라로서, 그녀가 가진 손끝의 힘과 체화된 이야기들이 그녀의 요리로 표현되었고, 그 요리가 저를 만나 또 다른 이야기를 만들어낸 것이라 생각해요.

그림1. P가 해준 다랑어 요리
"고등어조림 같기도 하고 육개장 국물 맛도 나고. 여하튼 환상적인 맛!"

그림2. 플랜틴과 파스타
"플랜틴은 보통 튀겨먹는데, 이를 도도(Dodo) 또는 알로코(Aloko)라 불러요. 바나나 맛에 가깝지만 바나나보다 더 단단하고 덜 달면서 약간의 새콤함도 느껴져 질리지 않고 계속 먹을 수 있답니다."

그날 이후로 저는 음식이 가진 그 어떤 '힘'에 대해 믿어 의심치 않습니다.


## 눈으로 맛보는 미식여행, 떠나볼까요?


예전에 히트했던 드라마 《내 이름은 김삼순》을 기억하시나요? (기억한다면 최소 밀레니얼 세대!) 파티셰였던 삼순이가 남긴 명대사가 있습니다. "이 세상에는 언어가 달라도 통하는 세 가지가 있어요. 음악, 미술, 음식."

베냉의 요리를 소개해야지 마음먹자 마자 든 생각은, 베냉을 포함한 서아프리카 국가들의 요리가 공통의 재료와 비슷한 레시피를 가지고 있기 때문에 '베냉 요리'를 따로 소개할 만큼 차별성이 있을까 하는 고민이었습니다. 하지만 음식이라는 것이 여하튼 사람의 손끝에서 만들어지는 가장 아름다운 사회적, 문화적, 역사적, 환경적 결과라는 생각에 도달하니, 제 경험과 함께 갖가지 재료들의 요리를 소개하는 것 자체도 매우 의미 있을 것이란 생각이 들었어요. 사실 음식이라는 게, 음식 자체만으로 시각과 미각, 후각을 황홀하게 하지만, 그 나라의 지리, 기후, 환경, 역사, 문화도 다 품고 있잖아요. 그러니 음식은 우리의 모든 감각을 통해 그 나라를 느낄 수 있게 만들어주는 가장 원초적이고 행복한 매개인 것 같습니다.

'베냉 요리'라고 하면 살짝 긴장하게 될 거예요. 아무래도 경험한

적이 별로 없으니까요. (한국에도 나이지리아, 에티오피아 식당은 있지만, 아직 베냉 식당은 못 봤어요.) 새로운 곳에 가서 잘 모르는 음식을 이것저것 시키고 나서 기다릴 때의 그 떨림! 요리가 나왔을 때 눈으로 먼저 흘긋 보고, 냄새도 킁킁 맡아보고, 살짝 찍어 첫 맛을 딱 느낄 때의 그 설렘! 상상만 해도 즐겁지요. 그 요리가 정말 맛있을 때 느끼는 성취감도 어마어마하고요. 사랑하는 사람(제각기 떠오르는 사람은 다 다를 테니, 그냥 사랑하는 사람으로 통칭! 저는 주로 아빠가 생각나요.)에게 이건 꼭 맛보여줘야 한다는 행복한 의무감도 생기지요.

P의 요리에는 이 모든 게 담겨있었습니다. 그녀의 요리는 제게 있어서 새로운 세계를 탐험하는 또 다른 여행이자, 부모님과 가족을 떠올리게 하는 프루스트의 홍차였고, 언어가 달라도 보편적 감정을 주고받을 수 있는 삼순이의 케이크였습니다. 이번 기회를 통해 제게 가장 강렬하고 따뜻하게 남아있는 몇 가지 재료와 요리를 소개하려 합니다. 저와 함께 미식여행 떠날 준비, 되셨나요?

## 곰보(Gombo)

P를 통해 처음 접해 본 식재료이면서, 제가 가장 사랑하는 것이 바로 곰보입니다. 저는 개인적으로 이것이 서아프리카 요리의 정수라고 생각해요. 아마 오크라(Okra)라고 하면 "아! 그거!"하는 분

들이 계실 지도 모르겠어요. 곰
보는 오크라의 프랑스어 명칭
이거든요.

그림2. 플랜틴과 파스타
"플랜틴은 보통 튀겨먹는데, 이를 도도(Dodo)
또는 알로코(Aloko)라 불러요. 바나나 맛에 가
깝지만 바나나보다 더 단단하고 덜 달면서 약간
의 새콤함도 느껴져 질리지 않고 계속 먹을 수
있답니다."

곰보로 만든 요리를 처음 봤
을 때 이게 뭔가 싶었어요. 미끄
덩한 건 둘째 치고 점성이 엄청
나서(마치 낫또 먹을 때 섬유질이
거미줄처럼 늘어나고 절대 안 끊
겨서 쩔쩔매는, 그 힘듦 있잖아요.)
무지 애먹으며 먹었던 기억이
강렬합니다. 식감도 영 어색한
데, 무슨 재료로 만든 거냐고 물은 질문에 "곰보"라는 우리말 같은
답이 오니 피식 웃음이 나왔지요. 그런데 이게 정말 신기한 게요,
먹으면 먹을수록 이 매력에서 빠져나올 수가 없는 거예요. 나중에
는 P에게 "곰보로 요리 한 번만 더 해줘!"하며 곧잘 졸라댔죠.

곰보는 아욱과의 속씨식물이래요. 겉보기에는 각진 고추처럼 생
겼는데, 가로로 썰면 별 모양이에요. 생김새가 손가락을 닮았다고
해서 영어권에서는 '레이디스 핑거(ladies fonger)'라고도 불리죠.
변비나 피부미용, 디톡스 효능이 있어서 세기의 미인으로 알려진
클레오파트라(Cleopatra)와 양귀비(楊貴妃)도 곰보를 즐겨 먹었다
는 이야기가 있습니다.[26]

P는 보통 양고기와 소고기, 그리고 가끔 말린 생선을 함께 넣고

곰보 스튜를 만들었습니다. (주로 곰보 소스(Sauce Gombo)라고 불렀는데, 사실 요리 자체는 서양의 스튜나 라구(ragoût)와 유사하기 때문에 구분을 위해 스튜로 칭하겠습니다.) 말린 생선이 들어간 곰보 스튜는 아주 특별했죠. (베냉에서는 소고기와 훈제생선 외에도 새우와 게를 많이 넣는다고 하는데[27] 생각만 해도 침이 넘어갑니다.) 각 재료들은 따로 삶거나 튀겨놓고 곰보를 잘라 끓이다가 그 안에 손질한 재료를 넣고 양념과 팜유 등을 넣었습니다. 풍미가 아주 대단했어요. 거기다 빠뜨(pâte, 프랑스어로 '밀가루 반죽'을 의미하지만, 서아프리카에서는 밀가루뿐만 아니라 옥수숫가루, 수수가루 등 다양한 곡물 가루로 빠뜨를 만듭니다.)를 곁들이면 아주 그만이었죠. P는 스튜에 비해 빠뜨를 너무 많이 만들어줘서 반 정도는 늘 떼어 남겨두고 먹었어요. 자, 그럼 이제 같이 먹어 볼까요? 오른손으로 빠뜨를 조금 떼어봅니다. 그리고 엄지를 제외한 네 손가락을 약간 오목하게 만들어(마치 숟가락처럼!) 거기에 빠뜨를 딱 안정적으로 위치시키는 게 중요해요. 그리고 밖에서 안쪽으로 불도저 같이 바닥을 여러 번 슥슥 훑으며 소스를 모아주세요. 이때 엄지로 고기나 말린 생선을 집어 빠뜨 위로 올려 고정시키면서 소스를 듬뿍 묻혀줘야 합니다. 그리고 하이라이트! 곰보는 앞서 말했듯이 미끄덩하고 점성이 엄청나기 때문

26) Difference Between Okra and Lady Finger http://www.differencebetween.net/object/comparisons-of-food-items/vegetables-fruits/difference-between-okra-and-lady-finger/
27) Sauce gombo (la version béninoise !)  https://lesgourmandisesdekarelle.com/recettes-lgdk/recettes-africaines/sauce-gombo-la-version-beninoise/

그림4. 곰보 스튜
"소스의 질감이 느껴지시나요?"

에 손을 허공에서 살짝 돌리면서 주욱 늘어나는 소스를 휘휘 떼어
내는 것이 중요합니다. '낫또 먹기 전문가'들이 젓가락을 허공에 휘
적거리며 점액질을 감아올리는 것처럼 말이죠. (저는 이 모습을 상
상할 때마다 지휘자가 떠오르는데, 왜인지는 모르겠습니다. 뭐, 먹는 행위
자체가 예술이니까 그럴 수 있겠다 싶기도 하네요. 하하) 오, 이제 미끄
덩한 소스와 함께 야들한 고기가 입으로 호로록 들어옵니다! 스튜
의 풍미와 신나는 식감을 느껴보세요. 미끈거리는 소스 사이에서
재료들을 숨바꼭질 하듯이 잘 찾아 야무지게 씹어보자고요!

## 얌(Yam)

카사바(Cassava)와 많이 헷갈리지만, 카사바와는 또 다른 뿌리 작물입니다. 저도 사실 카사바와 얌의 차이를 잘 몰랐어요. 같은 뿌리작물인데다가 생긴 것도 비슷하고, 주식으로 자주 애용되어 더 그랬던 것 같습니다. (카사바와 얌은 서아프리카 사람들의 주요 탄수화물 공급원입니다.) 얌은 카사바보다 덜 달고, 식감도 상대적으로 뻣뻣해요. 카사바보다 칼로리가 낮은 반면 영양소는 엄청 풍부하지요. 섬유질, 망간, 칼륨이 풍부해서 성장, 뼈 건강, 심장 기능, 그리고 신진대사를 도울 수 있는 데다, 몸의 면역 체계를 증진시키는 비타민C와 적혈구 생산에 필수적인 구리와 같은 미세 영양소가 가득하다고 하네요.[28] (진작 알았으면 그때 더 많이 먹어둘 걸 그랬습니다.)

매년 8월 15일, 베냉에서 얌 축제가 열린다는 것을 알고 계시나요? 얌 수확기를 기념하며 수천 명의 베냉 사람들과 관광객들이 사발루(Savalou)에 모입니다. 사발루는 얌 재배의 문화적, 지리적 중심지로 널리 알려진 곳입니다. 카사바나 옥수수, 쌀과 달리 얌은 베냉의 토착 작물이에요. 그래서 베냉 문화와도 깊은 연관이 있다고 하죠. 전통적 상징주의에서, 조상들의 영이 얌을 통해 새롭게 태어나기 때문이에요. 따라서 얌을 먹는 것은, 육체에 자양분을 공급하

---

28) Anuradha. (2021). "What is the Difference Between Cassava and Yam." 2021.12.27
https://pediaa.com/what-is-the-difference-between-cassava-and-yam/#Yam

는 행위기도 하지만 그보다는 영과 교감하는 행위에 더 가깝습니다. (먹는 행위 자체가 예술이라고 말씀드린 것, 기억하시죠?) 얌은 베냉 사람들에게 요리 재료로서의 가치만큼이나 경제적, 문화적으로 중요성을 갖고 있습니다.[29]

제가 가장 사랑했던 건 찐 얌요리였습니다. 아주 담백하고 건강한 맛이 났죠. P가 가끔 쪄줬던 얌은 제게 '소소한 위로' 같은 것이었습니다. 혹시 이런 기분 느껴본 적 있으세요? 하루 종일 어떤 특별한 사건이나 이벤트 없는 일상을 살고, 설레거나 신나는 일도 없고, 퇴근하고도 딱히 할 일도 없는, 아주 잔잔한 '보통날'의 느낌말이에요. 그래서 그냥 기분도 좀 울적한 듯싶은 그런 때 말이죠. 저는 이 감정을 '은은한 고독함'이라고 불러요. 극복할 수 있을 정도의, 그러나 몸과 마음 전체에 아주 잔잔히 깔려있는 은은한 고독감이죠. 그날도 여느 날과 비슷한 하루를 보내고 '은은한 고독함'과 함께 퇴근했습니다. 식탁 위에 천보자기로 덮은 보온 용기가 있는 걸 보고 "아, 얌이다!"했죠. (희한하게도 P는 얌을 찌면, 찐 얌을 보온 용기에 넣고 그 위에 항상 천을 덮어놨어요. 조금이라도 더 오래 따뜻하게 먹으라고 배려해준 것이었겠죠?) 그날따라 보온 용기 위의 천보자기를 보며 마치 할머니가 손주 먹으라고 옥수수랑 감자를 쪄놓고 덮어놓은 것 같아 왠지 마음이 몽글몽글해졌습니다. 살짝 온기가 남

---

29) Marthe Montcho & Rebecca Fenton. (2019). "When Food and Culture Are Celebrated Together: Benin's Yam Festival." Smithsonian. 2019.08.28. https://festival.si.edu/blog/food-culture-benin-yam-festival

은 얌 조각을 하나 집어 의자에 눕듯이 몸을 파묻고 한 입 베어 뭅니다. 처음의 쫀득한 느낌은 잠시, 뻣뻣하고 뻑뻑하다가 이내 퍽퍽하네요. 마실 것이 간절하지만, 일단 몸을 다시 움직이긴 귀찮으니 멍 때리며 계속 오물거려봅니다. 씹으면 씹을수록 달큰한 맛이 올라오고 약간의 고소함마저 느껴진답니다. 아주 담백한 고구마 같은 맛이랄까요. 찐 얌은 제게 있어 딱 '보통날' 같은 맛이에요. 전혀 특별할 것 없지만 되돌아보면 결국, 별 일 없는 일상이 감사한 거라고, '은은한 고독함'도 곧 괜찮아질 거라고 위로를 건네주는 가장 특별한 보통의 음식입니다.

그림5. 얌

그림6. 찐 얌

# 똥꼬(Tonko) 소스

서아프리카 어디에서나 고추로 만든 소스는 식탁의 필수 요소입니다. 모든 요리에 함께 곁들여진다고 보면 돼요. 통칭해서 '매운 소스(sauce piquante)'라 부르는데, 사실 저와 P에게는 '똥꼬 소스'라는 이름이 더 익숙합니다. 니제르에는 다양한 민족이 있는데 수도 니아메(Niamey)에는 제르마(Zerma) 사람들이 많습니다. 그리고 제르마어로 고추는 '똥꼬'예요. 어느 날 P에게 제르마어 '똥꼬'와 한국어로 '똥꼬'가 무슨 뜻인지 말해줬더니 P가 어찌나 재미있어 하던 지요. 그날 이후로 고추나 매운 소스를 볼 때마다 "똥꼬를 먹으면 똥꼬가 맵지!"라고 말하며 자지러지곤 했죠.

P도 매운 소스를 잘 만들었는데, 사실 서아프리카에서 매운 소스는 우리나라의 김치나 장아찌처럼 끼니에 없어서는 안 될 아주 중요한 음식입니다. 집집마다 식당마다 요리하는 사람의 노하우와 손맛에 따라 맛도 다 다르죠. 맛없기도 힘들지만 아주 맛있기도 힘들어서 매운 소스를 잘 만드는 집은 입소문이 나기 마련입니다.

똥꼬는 우리나라의 고추와는 좀 다르게 생겼습니다. 엄지손가락만한데, 살짝 통통해요. 맛도 우리나라 고추가 묵직하게 매운 맛이라면 똥꼬는 알알하고 좀 더 산뜻하게 매운 맛입니다. 식탁에 올라오는 똥꼬 소스는 보통 양파, 마늘 등 여러 다른 알싸한 재료들과 함께 볶아 만드는 것이 일반적이에요. "김치가 맛있어서 밥 한 그릇 뚝딱"한 경험들 있으신가요? 정말 맛있는 똥꼬 소스를 만나도

그림7. 똥꼬

그렇습니다. 향이 강한 염소고기도, 비린내 나는 민물 생선도, 다 불어버린 스파게티도 맛있는 똥꼬 소스만 있으면 문제없어요!

저는 볶은 똥꼬 소스보다, 똥꼬를 생으로 갈아서 간장을 살짝 섞어 먹는 걸 좋아했어요. 서아프리카 국가에서 가장 쉽게 찾을 수 있는 간장이 바로 마기(Maggi) 간장인데, 살짝 맛간장 같은 느낌이랄까요. 타지에서 뭐든 맛이 없겠냐마는 간장은 영원불멸의 진리죠. 어디에나 잘 어울리고, 어떤 요리든 간장이 들어가면 '중박' 이상의 맛을 보장하니까요. 아, 갑자기 간장 얘기가 길었네요. 다시 본론으로 돌아와서, 싱싱한 똥꼬를 갈아 마기 간장에 살짝 섞어볼까요? 여기에 닭요리를 곁들여 보겠습니다. 숯불에 구워 아주 담백한 닭이지요. 운동을 많이 해서 그런지 아주 쫄깃하다 못해 질기기 때문에 어쩔 수 없이 손을 써야겠네요. 닭다리를 하나 힘껏 뜯어 똥꼬 소스를 듬뿍 올립니다. (숯불에 구운 '담백한' 닭이기 때문에 똥꼬 소스를 과하다 싶을 정도로 올리는 것이 포인트입니다. 중간 중간 닭털이 좀 남아있는 부분이 있지만, 눈을 반쯤 감고 먹으면 이런 것쯤은 보이지 않아요. 꿀꺽!) 자, 이제 신나게 뜯자고요! 닭고기가 생각보다 잘 안 뜯겨 소스가 먼저 목 뒤로 넘어갈 수 있습니다. 하지만 뭐가 문제가 되겠습니까. 소스는 다시 찍으면 되는 것을요. 아, 소스를 좀 과하게 찍어 혀가 아리다 싶으면 주위를 둘러보세요. 코카콜라는 세상 어디에나 있답니다.

## 땅콩

땅콩은 한국에서도 쉽게 찾아볼 수 있는 재료입니다. 술집에서 건어물과 함께 안주로도 나오고요, 스트레스 받을 때 피넛버터를 퍼먹는 분들도 아주 가끔 계실 거예요. (네, 맞아요. 접니다.) 그런데 서아프리카에서 땅콩의 변신은 실로 놀라워요. 스튜로 만들어 다양한 고기와 재료를 아우르기도 하고, 모링가(Moringa) 잎을 비롯한 푸른 이파리들을 데쳐 땅콩 양념에 무쳐먹기도 하죠. 땅콩에 기름기가 있어서 그런지 무슨 요리를 해도 윤기가 좔좔 흘러서 보기만 해도 그냥 군침이 돈답니다.

서아프리카 대부분의 국가와 지역에서 땅콩은 중요한 수익원이자 식량이에요. 땅콩은 온도 20도 이상에서 싹을 틔우는 '고온성 건조지 작물'인데 서아프리카가 아주 적격한 환경을 갖추고 있죠. 원산지는 브라질로 알려져 있지만 1834년 세네갈에 유입된 직후, 땅콩은 빠르게 서아프리카 전역으로 퍼졌습니다.[30] 물론 전통 요리에도 빠르게 적용되었고요. 오늘날 땅콩 스튜는 베냉을 비롯한 서아프리카에서 가장 대중적으로 먹을 수 있는 요리가 되었습니다.

땅콩 스튜에는 보통 양고기가 들어가요. (소고기나 내장류를 넣어 요리하기도 합니다.) 양고기 특유의 향이 땅콩의 고소하고 기름진 맛에 더해져 짙은 풍미를 자랑하죠. 재어 둔 양고기를 기름에 볶다가 땅콩 페이스트를 넣고 끓입니다. 토마토를 조금 으깨어 넣기도 하고요. 아, 양파는 필수입니다. 서아프리카의 작고 땅땅한 자색 양파라면 맛은 배가 되지요. P는 땅콩 스튜를 늘 쌀밥에 곁들여 줬어요. 땅콩은 그냥 낱개로 집어 먹거나 빵에 피넛버터로 발라 먹는 게 익숙하던 저에게, 밥에 비벼먹는 땅콩 스튜는 영 어색했습니다. 밥알 사이사이에 스민 땅콩 소스의 맛도 왠지 이질적이었고요. 하지만 땅콩이 주는 포만감과 에너지는 정말 엄청나서, 점심에 땅콩 스튜를 한 끼 먹으면 밤늦게까지 배가 든든했어요. 와, 정말 상상만으로 입에 침이 고이네요. 곧 다시 이 요리들을 맛볼 날이 오겠지요? 이제는 더 여유롭고 감사한 마음으로 즐길 수 있을 텐데 말이죠.

---

30) 정수일, 『문명의 요람 아프리카를 가다 1』, 창비, 2020.

그림8. 그림9.
땅콩 스튜 "땅콩의 변신은 무죄!"

베냉 미식여행 어떠셨나요? 너무 제 이야기만 한 건 아닌지 모르겠어요. 그래도 생경했던 환경과 문화에서 제가 느낀 따뜻한 음식의 온기가 여러분께도 작은 위로와 설렘으로 전해졌기를 바랍니다. 그리고 이 글을 읽는 여러분께서도 어디에 계시든, 좋은 사람들과 맛있는 음식 드시면서 행복한 하루를 보내셨으면 좋겠어요. 그럼 여기서 저는 이만 물러날게요.

"잘 먹었습니다."

마마킴
19세에 케냐에서 나미비아까지 아프리카 7개국을 배낭여행한 이후 아프리카와의 인연을 계속 이어가고 있다. 시대와 지역을 불문하고 술과 음식은 사람 사이를 이어주는 가장 강력한 매개라 믿어 의심치 않기에, 오늘도 사람들과 함께 진하게 마시고 먹는 중이다.

**: 쉬어가기**

하이 온 더 호그(High on the Hog):
흑인 음식은 어떻게 미국을 바꿔 놓았는가?

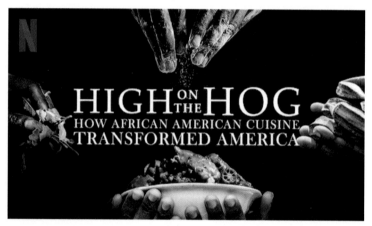

출처: Netflix

잠깐 쉬어가는 차원에서, 여러분께 흥미로운 다큐멘터리를 하나 소개해드리려
고 해요. 바로 《하이 온 더 호그(High on the Hog): 흑인 음식은 어떻게 미국을 바
꿔 놓았는가?》입니다. 총 4편으로 구성되어 있고, 넷플릭스(Netflix)에서 손쉽게
찾아보실 수 있어요.

셰프이자 작가인 새터필드(Stephen Satterfield)가 미국 흑인들이 좋아하는 식재료의 기원을 찾아 떠납니다. 베냉의 시장에서 그 여정이 시작되죠. 미국 조지아(Georgia)에서 나고 자란 새터필드는 활기로 가득 찬 베냉 시장 한복판에서 "자신의 모습과 대면하는 경험"을 합니다. 곱슬거리는 머리카락, 스타일과 의복, 당당한 걸음걸이, 독창성과 창의력, 이 모든 게 하나도 어색하지 않지요. 소박한 동네식당에서는 베냉의 전통적 풍미를 찾고, 전통의 뿌리를 살리며 베냉 요리를 현대화, 세계화한 '신세대' 요리도 접합니다. 재료와 방법도 다양하지만 가장 중요한 것은 베냉의 요리를 알리고 함께 즐기고 싶은 마음이었어요. 요리에 가진 그들의 긍지와 자부심은 실로 어마어마합니다.

음식은 시대와 지역을 연결합니다. '음식의 디아스포라'라고 할 수 있겠네요. 식재료의 기원을 찾아 떠난 여정은 노예무역의 아픈 역사로 이어집니다. 오랜 시간, 대서양을 건너 차별과 강제노역을 견뎌야 했던 조상들의 이야기로 말이죠.

서아프리카 대서양 노예무역이라고 하면, 아프리카와 노예무역의 역사에 대해 어느 정도 아시는 분들은 가나와 세네갈을 제일 먼저 떠올릴 것입니다. 가나의 엘미나 성(Elmina Castle)과 세네갈의 고레(Gorée) 섬은 유네스코(UNESCO) 세계유산에도 등재되어 있는 대표적인 노예무역 거점지에요. 그리고 아픈 역사를 잊지 않으려는 많은 이들의 발걸음이 끊이지 않는 곳이지요. 가나와 세네갈에 비해 작은 베냉은, 그래서 그런지 우리에게 덜 알려져 있어요. 그러나 이 작은 나라에서도 수많은 사람들이 '노예'라는 꼬리표와 함께 대서양 건너편으로 보내졌습니다.

베냉 우이다(Ouidah)의 '돌아오지 않는 문'을 기억해주세요. 자신의 의지와 관계없이 '노예'가 되어 손과 발이 묶인 채 기나긴 길을 걷고 걸어 마침내 도착한 곳은 바로 대륙의 끝이자 대서양과 맞닿아 있는 노예수용소였습니다. 그들은 가족,

친구들과 생이별하고 무슨 말인지 알 수 없는 언어가 들리는 깜깜한 방에 가둬져 이곳이 어디인지 방향감각도 잃어버렸지요. 노예로 팔려가던 그들은 거부의 뜻으로 입을 닫았습니다. 건장한 노예를 좋은 값에 팔아야했던 상인들은 구강검사기를 사용해 강제로 입을 벌려 음식을 넣었지요. 여정 내내 저항이 반복되었습니다. 거부하는 행위가, 즉 먹지 않는 행위가 힘을 되찾는 유일한 방편이었다는 것이 실로 아이러니하지요.

이 다큐멘터리는, 한 번 더 역설적으로, 다시 음식을 통해 그들의 뿌리와 문화를 기억해냅니다. 베냉에서 시작해 아프리카의 식재료와 문화가 역사를 통해 어떻게 미국에 영향을 미쳤는지 여러 사람의 손과 입을 통해 풀어내고 있지요. 잊힌 과거를 되살리고 조상과 전통을 기억하기 위해 노력하는 것은 매우 중요합니다. 지금의 우리를 생각하게 만들기도 하고요. 전통방식으로 만든 곰보(오크라) 스튜를 먹으며 새터필드는 "영적인 체험"이라며 감격합니다. 과거와 현재를 이어주고, 서아프리카의 끝에서 대서양을 건너 아메리카 대륙까지 연결하는 매개, 그것은 결국 음식이라고 말하고 있는 것 아닐까요?

# Start-up?
# Start!

이번에는 아프리카마치가 잘 다루지 않았던 색다른 분야의 이야기를 하려고 합니다. 바로 경제 이야기, '베냉의 스타트업 열풍'이 그것이지요. 스타트업 열풍은 한국에만 있는 것이 아닙니다. 베냉을 비롯한 아프리카에서도 스타트업 창업이 활발하게 이뤄지고 있고, 세계적인 주목 또한 받고 있지요. 베냉의 스타트업 현황을 통해 젊은 인구가 많고 빠르게 성장하는 아프리카의 스타트업까지 살펴볼까요?

"베냉을 한다고?"

'아프리카마치' 세 번째 국가로 베냉이 결정되는 순간, 저도 모르게 이 말이 터져나왔습니다. 잘 알려지지 않은 아프리카 국가들을 소개하는 것이 우리 모임의 취지인 바, 저는 서아프리카의 작은 나라 베냉과 갑작스러운 만남을 시작하게 되었습니다.

베냉은 나이지리아와 국경을 마주하고 대서양 해안에 인접한, 열쇠 모양을 한 국가입니다. 중요한 건 우리나라에 거의 알려지지 않았다는 사실인데, 그럴 만한 충분한 이유가 있었을 거라 생각합니다. 아프리카를 전공한 저도 이름만 들어봤는데, 일반 대중에게는 얼마나 '신선'하게 다가갈지 걱정과 기대도 교차합니다. 자, 그럼 베냉 이야기에 들어가기 앞서 베냉을 포함한 서아프리카 지역에 관한 설명을 인용하겠습니다. 이 글을 이해하시는 데 필요한 내용입니다.

"지리적으로 서부 아프리카는 차드호(湖)까지 뻗은 카메룬의 서쪽

국경을 동쪽 경계로 삼는다. 내륙부는 사하라사막의 남쪽 가장자리에 있는 사헬지역이 동서로 횡단하는 스텝·사바나 지대이며, 대서양 연안 지역은 열대우림지대이다. 고대·중세에는 니제르강(江) 상류지역과 연안지역에 여러 왕국이 번영하였다. 19세기 말에는 1847년 독립한 라이베리아를 제외하고는 모두 프랑스·영국·포르투갈의 식민지였다가 1960년대에 대부분 독립하였다. 서부 아프리카에 해당하는 국가는 다음과 같다. 대서양 해안선을 따라 모리타니·세네갈·감비아·기니·기니비사우·시에라리온·라이베리아·코트디부아르·가나·토고·베냉·나이지리아 등이 있으며, 도서국가는 카보베르데, 내륙국가로는 부르키나파소, 사막에 속하는 말리와 니제르의 일부분이 포함되어 16개국이 서아프리카에 속한다. 1975년 이들 국가 가운데 15개국이 나이지리아의 라고스에 모여 서아프리카경제공동체(Economic Community of West African States: ECOWAS)를 결성하였다. 카보베르데는 1975년 포르투갈에서 독립한 후 1977년 이에 동참하였다."[31]

베냉 상공회의소가 말하길,

위의 글을 통해 알 수 있듯이, 16개 국가들로 구성된 서아프리카는 역사적으로나 지리적으로 공통점을 갖고 있습니다. 서아프리카

---

31) [네이버 지식백과] "서아프리카(West Africa)" [두산백과]

지역에는 프랑스어를 공용어로 사용하는 국가가 많은 편입니다. 만약 프랑스에서 새로운 기술이나 사업을 시작하여 이를 전세계에 적용하려 한다면, 아프리카에서는 일단 서아프리카 프랑스어권 국가들을 중심으로 시범사업을 실시합니다. 그래서인지 비슷한 신규 사업이 도입되는 경우 서아프리카 전역에서 동시에 진행되는 경향이 짙습니다. 앞으로 이 글에서 전개될 스타트업에 관한 이야기에는 동일한 언어권에서 시작된 사업이 아프리카 전역으로 펼쳐지는 현 시대의 특성이 반영됩니다. 따라서 베냉의 사례뿐만 아니라 서아프리카, 나아가 아프리카 전체에 대한 내용이 서로 연결되어 펼쳐질 것임을 미리 알려드립니다.

저는 오랜 시간 금융업에 종사했던 경험 때문인지 새로운 아프리카 국가들을 만날 때마다 금융을 비롯한 경제분야에 제일 먼저 시선을 두게 됩니다. 그래서 제일 먼저 찾아보았습니다. 베냉 상공회의소(Chambre de Commerce et d'Industrie du Bénin, www.cci.bj)의 홈페이지를.

그림 1은 베냉 상공회의소 홈페이지 첫 화면에 나오는 주요지표를 원본 그대로 가지고 온 것입니다. 참고로, 프랑스어에서는 우리가 사용하는 쉼표와 마침표의 의미가 반대로 사용됩니다. 따라서 베냉의 2020년 GDP 성장률은 3.8% 이고, 2021년 베냉에서 설립된 기업은 52,378개입니다. 2021년 현재 인구 오천만 명의 대한민국 창업기업 수가 약 142만 개인 것을 떠올릴 때, 인구 수 1천 2백

만인 베냉에서 5만 개를 겨우 웃 도는 창업 기업 수는 상당히 적 게 느껴질 수 있습니다. 하지만 대한민국과 베냉의 경제 규모와 인프라 구축 상황을 비교한다면 이 숫자가 '정말' 작은 것은 아니 라고 생각됩니다. 여하튼 베냉 상공회의소가 홈페이지 첫 소개 화면에 창업기업 수를 '자랑'한 이유가 있는데 이는 글의 뒷 부 문에서 따로 말씀드리겠습니다.

주요 지표

**3,8%**
2020년 베냉의 GDP 성장률

**52.378**
2021년 베냉에서 설립된 기업

**114 년**
민간 부문 서비스에서의 CCI 베 냉의 활동

그림1. 베냉 상공회의소 소개 주요 지표

베냉 출신 유망 스타트업 창업자
다르 오쿠쥬(Dare Okoudjou) 이야기
– 2억 명이 사용하는 핀테크 업체 MFS 아프리카

이제 본격적으로 이야기를 시작해 보겠습니다. 베냉에는 많은 스타트업[32] 기업들이 활발하게 활동하고 있을까요? 완벽한 대답은

---

32) 신생 창업기업을 뜻하는 말로 미국 실리콘밸리에서 처음 사용되었다. 보통 혁신적인 기술과 아이디어를 보유하고 있지만 자금력이 부족한 경우가 많고, 기술과 인터넷 기반의 회사로 고위험· 고수익·고성장 가능성을 지니고 있다. [네이버 지식백과] 스타트업 (시사상식사전, pmg 지식엔진 연구소)

아니겠지만 적절한 설명을 제공할 수 있을 것으로 보이는 기사를 아래에 소개해 드립니다.

2022년 2월에 나온 기사를 번역한 것인데요, 좀 길지만 끝까지 읽어주시면 제가 기사에 내포된 의미를 설명해 드리겠습니다. 참고로 기사 내용 원문을 그대로 번역한 후 맥락에 맞게 내용을 재편집했음을 알려드립니다.

"다르 오쿠쥬는 아프리카 최대 디지털 결제 네트워크로 성장한 핀테크 스타트업 MFS 아프리카의 창업자이자 CEO이다. 이 스타트업은 빠르게 성장하는 아프리카의 모바일 결제 생태계 전반에 걸쳐 발신자와 수신자, 그리고 서비스 제공자를 연결해준다. 비즈니스 인사이더(Business Insider)에 따르면 MFS 아프리카는 남아공, 가나, 카메룬, 나이지리아, 모리셔스 및 런던에 사무실을 두고 아프리카에서 2억 개 이상의 모바일 지갑에 접속한다.

2010년 오쿠쥬가 창업한 MFS 아프리카는 현재 35개가 넘는 국가에서 운영 중이고 80개 이상의 파트너와 연결되어 있으며 2억 명이 넘는 모바일머니 수취인을 고객으로 두고 있다. 2014년에 오쿠쥬는 시장에 진입하려는 한 회사에 인수될 기회를 거절했다.

"인수를 제안한 회사는 MFS 아프리카의 발전에 필요한 현금 지원을 약속했습니다. 우리의 사업 성공 이야기가 전 세계에 포지셔닝 되었을 것이고, 서류상으로도 좋은 기회였습니다."라고 그는 'How We Made It In Africa'에서 말했다. 그럼에도 불구하고 오쿠쥬는 인수 제안이 회사가 나아갈 방향과 맞지 않다고 생각했다. 그는 회사 운영자금이 2주치도 남지 않은 상황에서 인수 거절 결정을 내렸다. 그는 말을 이어갔다, "그러나 이 결정은 예기치 않게 보다폰(Vodafone)과의 파트너십으로 이어졌습니다. 이는 우리에게 최고의 순간이었고, 지금도 제가 자랑스럽게 생각하는 부분입니다. 이 파트너십을 통해 MFS 아프리카는 인지도와 신뢰도를 높일 수 있었고, 더불어 회사의 급속한 성장을 견인할 수 있었습니다.

이민자 학생이자 노동자였던 오쿠쥬는 자신의 경험을 토대로 MFS 아프리카를 창업했다. 베냉에서 태어난 그는 장학금을 받아 모로코에서 공학 및 물리학을 공부한 뒤, 파리(Paris)로 넘어가 인시아드(INSEAD) 경영대학원에서 MBA 학위를 취득했다. 그리고 그는 세계 최고의 컨설팅 기업인 파리의 '프라이스워터하우스쿠퍼스(PricewaterhouseCoopers)'에서 경영 컨설턴트로 경력을 쌓기 시작했다. 이후 그는 다국적 통신 기업인 엠티엔 그룹(MTN Group)에서 근무하면서 모바일 결제 전략을 개발했고 2021년, MTN Operations 전반에 이를 구현하는데 큰 역할을 했다. 이 기간에 그는 아프리카의 가족 및 친구들과 연락을 유지하면서 국제 통신 네트워크의 발전을 직접 경험할 수 있었다.

오쿠쥬는 비즈니스 인사이더(Business Insider)에서 창업 동기를 다음과 같이 설명했다. "저도 먼저 돈을 받고 집으로 송금했습니다. 집으로 송금한 후 국제기업에 결제하는 것이 왜 그리 어려웠을까요? 저는 전화를 거는 것처럼 원활한 송금 방식을 제공하고 싶은 마음에 MFS 아프리카를 시작하게 되었습니다."

MFS 아프리카는 2021년도에 가장 많은 자금을 조달한 상위 20개 아프리카 신생 기업 중 하나였다. 사실상 중국 주도의 450만 달러 거래가 MFS 아프리카의 역사를 이끈 동력이었다. 벤처번(Ventureburn)에 따르면, 중국에 기반을 둔 VC 회사 'LUN Partners Group'은 450만 달러의 시리즈B 자금 조달 라운드를 주도했고, 이 중 250만 달러를 MFS 아프리카에 투자했다.[33]

스타트업의 일반적인 투자유치 단계와 핀테크(Fintech) 분야가 낯선 분들에게는 지루할 수도 있는 글인데 끝까지 읽어 주셔서 감사합니다. 이제 차근차근 내용을 설명해 드리겠습니다.

첫째, 창업가에 대한 설명입니다. 이 기사의 주인공인 오쿠쥬를 한국식으로 요약하면 '스펙 금수저'라고 말할 수 있습니다. 한국적 상황에 빗대어 설명한다면, 그는 일본이나 중국에서 학사 과정을 마치고 미국 최고 대학원에서 MBA를 취득한 뒤 월가에서 경영 컨설턴트로 일하다가 미국 유수의 온라인 모바일 통신기업에서 경력을 쌓은 다음, MFS 아프리카를 창업했다고 볼 수 있습니다. 누구나 쉽게 가질 수 없는 경력인 건 사실이지요?

둘째, 모바일머니 결제와 핀테크에 대한 설명입니다. 여기서 질

---

33) "How this Beninese started Africa's largest digital payments network that recently raised $100M", https://face2faceafrica.com/article/how-this-beninese-started-africas-largest-digital-payments-network-that-recently-raised-100m

문 하나 드리겠습니다. 대한민국 성인 중에 은행 계좌가 없는 사람이 있을까요? 대답은 아마도 "No"일 겁니다. 그런데 아프리카의 상황은 매우 다릅니다. 조금은 과한 일반화일 수 있겠지만 대다수 아프리카 지역에는 '은행'이라는 인프라가 없다시피 하고, 설사 있더라도 한국에 비해 매우 비싼 이용료와 유지 수수료 때문에 대중은 은행을 잘 이용하지 않는 것이 현실입니다. 그런데, 최근 이십여 년 동안 전 세계적으로 기존의 유선 통신 인프라가 무선 통신망으로 착실하게 바뀌었습니다. 아프리카는 특히 기존의 부실한 유선 통신 인프라 기반 덕분에 오히려 더 빠르게 무선통신 인프라가 설치된 지역입니다. 보통 기존 인프라가 충실히 설치된 사업 분야는 새로운 인프라 설치가 기존의 투자된 비용 등 여러 이유로 더딘 것이 일반적입니다. 아무튼 아프리카는 이 덕분에 유선 통신망 인프라 설치 완료를 건너뛰고 다른 지역에 뒤쳐지지 않게 무선통신 인프라를 설치할 수 있었습니다. 그 결과, 아프리카 다수의 대중이 '무선통신'을 자유롭게 이용할 수 있게 되었지요. 간단하게 '모바일 핸드폰'을 생각하시면 됩니다. 핀테크는 이러한 IT 기술을 이용하여 금융서비스를 제공하는 것을 의미합니다.

2010년대 중반, 제가 아프리카 모바일 금융에 관한 논문을 쓸 때만 해도 한국에는 은행 계좌로 송금하는 방식밖에 없었습니다. 당시 아프리카가 모바일머니 결제의 선두 지역이라고 동료들에게 말하면 말도 안 된다는 반응을 보였습니다. 그만큼 금융종사자도 이런 변화된 상황을 이해하지 못했습니다. 지금은 누구나 전화번호만 있으면 계좌를 몰라도 송금할 수 있는 시대가 되었는데 말입니다. '카카오페이'와 '토스'가 대표적인 예입니다. 한마디로 모바일 핸드폰을 이용한 모바일 머니 송금 결제 시장은 아프리카 지역이 예전부터 활발했다는 것입니다. 이는 모바일 결제 관련 핀테크 사업이 아프리카에서 아주 유망한 분야라는 사실과 연결됩니다.

셋째, 자금 투자 유치 단계에 대한 설명입니다. 어떤 지역이든 스타트업 기업은 좋은 아이디어를 현실화하고 회사를 운영하기 위해 외부 자금을 애타게 찾는 것이 현실입니다. 위의 기사에서 알 수 있듯이, 오쿠쥬는 자금이 거의 없는 상황에서도 배짱 있게 2014년도에 있었던 인수 제안을 거절했습니다. 결국에는 보다폰과 연결되어 더 나은 기회를 갖게 되었지만, 그 당시에는 참 힘겨운 결정이었으리라 생각됩니다. 기사 막바지에 VC (Venture Capital, 벤처캐피탈, 신설 기업에게 자금을 투자하는 회사) 이야기와 이 회사가 중국으로부터 투자 받았다는 내용, 그리고 시리즈B 라운드 이야기가 나왔습니다. 쉽게 말해, MFS 아프리카가 매우 유망하다는 평가를 받고 해외자금 유치에 성공하여 성공가도를 달리고 있다는 내용입니다. 참고로 스타트업의 자금 유치 단계는 사전단계(Seed 또는 Pre Money 라고도 합니다.)부터 시리즈A, 시리즈B, 시리즈C 순으로 투자자금이 늘어난다고 보시면 됩니다. 이렇게 점점 더 큰 규모로 자금을 유치하면서 스타트업에서 '유니콘 기업'[34]으로 회사가 성장한다고 볼 수 있습니다. 한국의 일반적인 기준에서 보았을 때, 시리즈B는 몇 십억 원대의 자금을 유치한 것이고, 시리즈C부터는 몇

백억 원에서 몇 천억 원 대까지 자금 규모가 확대된 것입니다. 이 정도면 유니콘 기업에 가깝다고 보면 됩니다.

여러분에게 기사의 내용을 상세하게 설명드린 이유는 이 기사 하나로 현재의 아프리카 스타트업 생태계 상황을 유추할 수 있기 때문입니다. 이 기사에는 아프리카 스타트업 기업의 증가와 활발한 해외 투자 자본 유치, 유망한 창업 분야, 그리고 엄청난 부를 창출하는 창업가 신화가 모두 포함되어 있습니다.

아래는 오쿠쥬가 MFS 아프리카를 설명하는 영상입니다. 영어로 된 영상입니다만 그림 설명 등으로 구성되어서 가볍게 한 번 살펴보시면 좋겠습니다.

영상1. 다르 오쿠쥬의 인터뷰
Dare Okoudjou speaks at GSMA Thrive
- Reaping the Benefits of Africa's Youth Dividend

---

34) 유니콘 기업(Unicorn)은 기업 가치가 10억 달러(약 1조 원) 이상이고 창업한 지 10년 이하인 비상장 스타트업 기업을 말한다. 원래 유니콘이란 뿔이 하나 달린 말처럼 생긴 전설상의 동물을 말한다. 스타트업 기업이 상장하기도 전에 기업 가치가 1조 원 이상이 되는 것은 마치 유니콘처럼 상상 속에서나 존재할 수 있다는 의미로 사용되었다. 2013년 벤처 투자자인 에일린 리(Aileen Lee)가 처음 사용한 용어이다. 유니콘 기업에는 미국의 우버, 에어비앤비, 핀터레스트, 깃허브, 몽고DB, 슬랙, 에버노트, 중국의 샤오미, 디디추싱, DJI, 한국의 쿠팡, L&P코스메틱, 크래프톤(前블루홀), 비바리퍼블리카(토스), 야놀자, 위메프, 지피클럽, 무신사, 에이프로젠, 쏘카 등이 있다. [위키백과]

## 아프리카의 스타트업은 어떨까?

이제 베냉 출신 기업가의 스타트업 사례에서 확대하여 서아프리카 지역, 나아가 아프리카 지역의 스타트업 관련 상황을 살펴볼까요?

유망하고 잘 되는 분야에 자금과 인력이 몰리는 것은 아프리카에서도 마찬가지입니다. 2020년대, 아프리카에서 스타트업 투자가 가장 활발히 일어나고 번성하는 기업이 가장 많은 4개국을 뽑으면 나이지리아, 남아공, 이집트, 케냐가 있습니다. 혹시 여러분은 이 나라들에서 공통점을 발견하셨나요? 이집트를 제외한 모든 국가들의 공용어가 영어라는 점, 그리고 아프리카에서 인구가 많은 나라들이라는 점이 공통점입니다. 여기서 간단한 퀴즈 하나 내보겠습니다. UN 기준 54개 아프리카 국가들 중 인구가 가장 많은 나라는 어디일까요? 국가 경제력과 시장상황, 성장 잠재력을 예측할 때 인구와 연령별 인구 분포는 매우 중요한 지표입니다. 그 모두를 고려할 때 정답은 나이지리아입니다.

2021년 기준으로 스타트업 기업의 해외 투자 유치가 많은 아프리카 국가들은 나이지리아, 남아공, 이집트, 케냐 순입니다.[35] 개인적 견해지만 제가 투자자의 입장이 된다면, 해당 국가에 자금을 보내고 회수하는 과정에서 위험요소가 없는지를 최우선 사항으로 두

---

35) The Big Deal: Africa. thebigdeal.substack.com

고, 투자한 분야의 수익성을 따지게 될 것 같습니다. 이때 투자한 스타트업의 업종과 시장성, 고객 확보의 용이성, 수익 창출 모델의 존재 여부를 자연스럽게 고려하게 될 것이고요.

아프리카 스타트업 투자 규모는 타 대륙에 비해 상대적으로 낮은 편이지만 증가 속도는 엄청납니다. 특히 2020년도에 들어서 아프리카에 대한 투자는 매우 활발하고 지속적으로 늘어나고 있는 상황입니다. 예컨대, 2020년 아프리카 스타트업 투자 금액 대비 2021년도 투자 금액은 두 배가 넘으며 2022년에도 증가 추세에 있습니다. 2021년 기준, 1억 달러 이상 투자를 유치한 아프리카 스타

그림2. 2021년 아프리카 스타트업 1억 달러 이상 투자 유치 기업[36]

---

36) Africa's Investment Report 2021 https://briterbridges.com/africainvestmentreport 2021

트업은 총 13개인데요, 베냉 출신 오쿠쥬가 설립한 MFS 아프리카
도 여기에 속합니다.

투자 금액에 대해 부연설명을 드리면, 통계를 제시하는 기관에
따라 다르지만, 2021년 아프리카 스타트업 총 투자금액은 대략 23
억 달러(원화 약 2조 7천억 원)이고, 2020년도는 약 16억 달러(원화
약 1조 9천억 원)입니다. 경제 규모 세계 10위권인 한국과 비교할
때, 아프리카 전체 스타트업 투자금액은 절대적으로 적은 것이 사
실입니다. 앞서 언급했듯이 아프리카 스타트업 전체 투자액 중 절
반이 핀테크 분야에 투자되었습니다. 핀테크 이외의 투자 분야는
주로 헬스케어, 에듀테크, 농업, 물류, 에너지 분야입니다. 핀테크
와 헬스케어 부문에 대한 투자는 세계적인 추세이지만, 높은 비율
의 젊은 인구와 미흡한 인프라를 고려할 때 에듀테크와 농업, 에너
지 분야의 활발한 투자는 수요와 공급 차원에서 매우 당연한 현상
으로 여겨집니다.

지금까지 아프리카 스타트업 분야의 투자금액 및 투자 분야에
대한 최근 경향을 간략히 살펴보았습니다. 사실 아프리카마치는
시의성을 띄지 않는 글을 지향합니다. 그러나 저의 글은 시시각각
으로 변화하는 경제 분야를 다루는 만큼 최근 아프리카 스타트업
의 동향을 알 수 있는 소식 하나를 소개해드릴까 합니다.

2022년 6월, 코트디부아르에서 개최된 '아프리카CEO 포럼'에서
혁신적인 스타트업에 수여하는 '올해의 혁신(Disrupter)' 상은 모로

코 기반의 스타트업 샤리(Chari)에 돌아갔습니다. 샤리는 2020년에 설립된 모로코의 B2B 온라인상거래 스타트업입니다. 이 회사는 프랑스어권 아프리카에서 사업을 확장하고 있으며 설립 2년 만인 2022년 초, 프랑스 회사인 악사(Axa Credit)로부터 2,200만 달러의 투자를 유치했습니다. 그리고 핀테크 회사인 카니(Karny)를 매입하는 등 지금까지 성공적인 행보를 밟아 왔습니다. 수상한 샤리 외에도 상 후보로 이집트의 원격 의료진료 플랫폼 베지타(Vezeeta), 알제리의 교통·운송 플랫폼 야시르(Yassir), 코트디부아르의 물류 유통기업 팝스(Paps), 나이지리아의 식물성 기름 생산업체 리리프(Releaf) 등이 후보로 지명되었습니다.[37]

자, 그러면 지금까지의 내용을 바탕으로 잠시 행복회로를 돌려볼까요? 여러분에게 50억 원의 여유 자금이 있다면 어떤 분야에 투자하실 건가요? 그냥 한국에서 집 사고 멋진 스포츠카 사고 남는 돈으로 신나게 여행 다녀야지 하는 이야기 말고, 해외 기업에 직접 투자한다는 전제로 말입니다. 저라면 선진국 지역-주로 스타트업이 활발한 미국이 되겠지만-에 60%를 투자하고 나머지는 아프리카 지역 스타트업에 적당히 나누어서 투자할 것 같습니다. 누가 알까요? 투자한 기업 중 하나가 유니콘 기업이 되어서 정말 어마어마한 투자 수익률을 올릴지 말입니다.

이제 이야기의 주제로 돌아오겠습니다. 지금 베냉에서는 어떠한

---

37) 아프리카CEO포럼 2022 수상내역 https://awards.theafricaceoforum.com/en/

일이 벌어지고 있을까요?

## 그래서 베냉은 Start?

베냉과 서아프리카는 경제적으로 서로 떨어질 수 없는 사이입니다. 맨 처음에 잠시 언급했던 서아프리카 이야기를 조금 더 드려보겠습니다. 서아프리카 중앙은행은 2015년부터 8개 프랑스어 사용 국가들(프랑코폰, Francophone)[38]이 은행에 가지 않고도 모바일 머니를 사용할 수 있게 했습니다. 따라서 이와 관련된 인프라 구축이 서아프리카 지역에서 점점 늘어나는 추세입니다. 참고로 말씀드리면, 프랑코폰의 첫 번째 유니콘 기업은 이미 나왔습니다. 바로 세네갈 스타트업인 '웨이브(Wave)'입니다. 아쉽게도 창업자는 아프리카인이 아닌 미국인이고, 동 회사의 주요 사업 국가가 세네갈이라고 보면 됩니다. 업종은 아프리카에서 가장 많은 투자가 유치되는 핀테크와 모바일페이입니다. MFS 아프리카 역시 핀테크, 즉 모바일페이 관련 업종이라는 점에서 두 회사의 공통점을 찾을 수 있겠습니다.

다음 지도는 서아프리카경제공동체(ECOWAS) 소속 국가들을

---

38) 궁금하시면 아프리카마치가 첫 번째로 발간한 국가 시리즈인 『카보베르데, 당신이 모르는 아프리카』를 읽어 보시길 바란다. 루소폰(Lusophone)과 같이 언급한 내용이다.

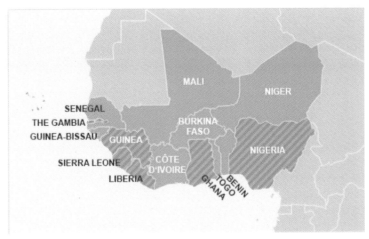

그림3. 서아프리카경제공동체(ECOWAS) 회원국 지도

표시해 놓은 것입니다. 지도에 세네갈 왼편의 '카보베르데'가 표기
되지 않았지만, 역시 소속 국가임을 놓치지 마시기 바랍니다.

자, 그러면 베냉은 어떤 상황일까요? 앞에 언급한 베냉의 상공회
의소 이야기로 다시 돌아가 봅니다. 처음 보여드린 표를 잠시 봐 주
세요. 베냉은 최근 서아프리카에서 가장 뛰어난 사업자등록 온라
인 플랫폼을 만들었습니다. 저는 그 사실을 알리기 위해 베냉 상공
회의소가 '자랑'스럽게 창업기업 수를 표기했다고 생각합니다. 그
렇다면 이 사실은 어떤 의미를 갖고 있을까요? 아래 발췌한 기사를
통해 그 내용을 살펴보겠습니다.

"UN무역개발협의회(UN Conference on Trade and Development: UNCTAD) 관계자는 코로나 상황이 서아프리카의 작은 나라 베냉을 세계에서 가장 빠르게 사업을 시작할 수 있는 곳으로 만들었다고 말한다. 베냉은 사람들이 비즈니스를 공식적으로 시작할 수 있는 'monentreprise.bj' 플랫폼을 만들었다. 이 플랫폼은 베냉의 '투자수출진흥청'이 코로나 기간에 사무실에 들어오는 것을 원치 않는 사람들을 위해 착수한 것이었다. 신청자는 'monentreprise.bj'에 로그인하여 필수 정보를 입력하고 필요한 문서를 다운로드한 후 온라인으로 결제한다. 신청인이 등록 절차를 완료하면 제공된 정보가 확인되는 기관에 서류가 도착하고, 기관 직원이 승인된 자에게 사업 증명서를 우편으로 발송한다…

UN 기관에 따르면 서비스를 사용하려면 사업 시행이 베냉이어야 한다. 그러나 해외에 있는 사람들도 사업을 서아프리카 국가에 시행할 경우 이 절차를 사용할 수 있다. UNCTAD 관계자는 온라인 사업자등록이 베냉을 세계에서 가장 빨리 창업할 수 있는 곳으로 만들었다고 말한다. 그는 새롭게 등장한 베냉의 기업가 중 3분의 1이 여성이고 절반이 30세 미만, 또한 절반이 코토누 외부에 기반을 두고 있다고 덧붙였다. 유엔 기관에 따르면, 'monentreprise.bj' 플랫폼을 통해 생성된 회사의 수는 2월과 7월 사이에 3배 증가했고, 한 달 평균 3,600건에 달했다. 코토누에서 예술품을 판매하는 베냉 기업가인 산드라 이도수(Sandra Idossou)는 플랫폼을 이용하여 2시간 만에 사업 승인 인증서를 받았다. 베냉의 '투자 수출 진흥청'을 운영하는 로랑 강브(Laurent Gangbes)는 플랫폼의 성공은 베냉이 다른 아프리카 나라들을 앞서고 있음을 보여 준다고 말한다.

"기업가와 외국인 투자자들은 불필요한 여행을 하지 않고 휴대폰으로 창업을 하고 싶어 했습니다. 베냉 정부는 여러 서비스를 통합하고 양식을 단순화하고 절차를 최소화 하기 위해 노력했습니다."[39]

여러분에게 어쩌면 위 내용은 전혀 새롭지 않은, 시대에 뒤쳐지는 뉴스로 보일 수 있습니다. 맞습니다. IT 기반 최강국인 한국에서는 충분히 그렇게 보일 수 있습니다. 하지만 현재 서아프리카에서는 꽤 유의미한 뉴스라는 걸 알아주셨으면 합니다.

만약 선진국 투자가들이 서아프리카에 투자를 한다면 어느 나라에 할까요? 아마도 검증된 국가인 '나이지리아'를 일순위에 둘 것 같습니다. 내부 정책과 거버넌스(Governance)의 문제가 있기는 하지만 시장 잠재력이 크고 투자 유치가 활발한 점을 고려할 때 나이지리아를 최우선 투자 국가로 선정하는 것은 옳은 결정으로 보입니다. 그러나 미래에는 어떻게 바뀔까요? 위 기사 내용은 세계 최고 수준의 IT 인프라와 행정 지원이 일상화된 대한민국 국민에게 당연한 것으로 보일 겁니다. 하지만 서아프리카에서 사업하기를 희망하는 사람의 관점에서 본다면, 손쉬운 창업 시스템인 온라인

---

39) Why Benin has been named the fastest place in the world to start a business online. https://face2faceafrica.com/article/why-benin-has-been-named-the-fastest-place-in-the-world-to-start-a-business-online

플랫폼이 제작된 것은 그 자체로 유의미한 사건입니다. 또한 이것은 베냉을 넘어 프랑스어권 서아프리카 창업 생태계에도 정말 의미있는 첫 발걸음이라고 생각됩니다. 많은 아프리카 국가들이 한국의 '전자정부' 시스템을 도입한 사실을 고려할 때, 자체적으로 플랫폼을 개발한 베냉의 사례는 매우 특별해 보입니다. 베냉은 인구도 적은 편이고 인프라의 혜택도 많지 않은 편이지만, 창업 플랫폼을 기반으로 베냉을 넘어 서아프리카까지 많은 기업들을 배출해낼 거라 예상됩니다. 일단 시작이 반이니까 말입니다.

아래 그림들은 베냉의 코토누를 기반으로 한 스타트업 기업들의 로고입니다. 카리소워(Carisowo)는 중고차 중개 플랫폼입니다. 일로미(Ylomi)는 전문가와 개인 및 중소기업을 연결해주는 소프트웨어 및 데이터 연계 기업입니다. 키 메디칼스(Kea medicals)는

그림4. 베냉 코토누 기반 스타트업 기업[40]

40) startupblink: Benin startupblink.com/startups/benin

병원과 개인을 연결해 주는 헬스케어 기업입니다. 익스포츄니티 (Exportunity)는 B2C 위주의 핀테크 업종으로 중개 플랫폼을 영위하고 있습니다. 자세한 내용이 알고 싶은 분들은 아래 주석에 표기한 사이트에서 궁금증을 해결하실 수 있습니다.

## 아프리카에서의 사업, 그리고 스타트업

지금까지의 내용만 보면 아프리카에서의 사업, 특히 스타트업 기업에 관한 전망이 적당히 밝은 것처럼 보일 수 있습니다. 음, 솔직히 말씀드립니다. 전 세계적 관점에서 봤을 때, 그리고 절대적 규모의 관점에서 봤을 때, 아프리카 스타트업에 대한 투자 규모가 가장 작은 것이 사실입니다. 그러나 동시에 가장 높은 비율로 그 규모가 증가하고 있는 것도 사실입니다. 그렇다면 누구나 아프리카에 들어가서 손쉽게 사업을 할 수 있을까요? 스타트업 생태계가 안정되어 있으니 기업이 성장할 수 있을 거라 예상해도 될까요? 그건 솔직히 저도 알 수 없습니다. 한국에서도 좋은 아이디어로 자금을 유치하고 상품을 판매해서 성공하는 것이 하늘의 별따기인데 과연 아프리카에서? 생각만으로도 꽤 힘든 일이라는 건 쉽게 짐작할 수 있습니다. 주위에 아프리카 나라들과 무역을 해본 사업가나 그 지인, 또는 현지에서 사업체를 운영한 사람들 있다면 이와 관련된 여러 이야기들을 들을 수 있을 것입니다. 제가 어느 한쪽으로 쉽사리

결론을 내어 말씀드릴 수 없는 사안인 점을 널리 이해 해주시기 바랍니다.

정리하면 제가 드릴 말씀은 이것입니다. 아프리카 지역을 사업 대상으로 고려할 때 있는 그대로 현실만을 바라보시면 더없이 좋겠습니다. 아프리카에는 젊은 인구가 많고 성장기회가 무궁무진한 장점과 투자유치 및 사업영위가 어려울 수 있는 단점이 동시에 존재합니다. 이 둘을 염두에 두고 여느 나라를 바라볼 때와 같은 관점으로 아프리카를 바라보셨으면 합니다. 아프리카 자료와 사례들을 찾을 때마다 저는 우리나라의 상황과 자연스럽게 비교하는 자신을 발견합니다. 그때마다 저는 우리나라가 정말로 선진국이 되었다는 것을 실감하면서도 많은 부분들이 아직도 아프리카와 비슷하다는 사실을 자각하게 됩니다. 아프리카를 대할 때 자신감과 겸손함을 동시에 지녀야 하는 이유입니다. 서아프리카의 작은 나라 베냉은 디지털 서비스를 바탕으로 한 '쉬운 창업'을 모토로 이제 비로소 스타트업의 날개를 펼쳤습니다. 우리 모두 이 작은 나라 베냉이 꾸준히 번창할 수 있도록 응원을 보내면 어떨까요?

"Start-up, Start!"

**이현**

여행을 좋아하고 사진을 사랑하며, 아프리카 종단 여행과 안분지족의 삶을 꿈꾸고 있다. 아프리카의 역사와 경제에 관심이 많다.

# 월드뮤직과 보이지 않는 식민주의,
# 안젤리크 키드조와 폴랭 웅통지의
# 이야기를 모티브로

마지막 글은 약간은 꺼려왔을 지도 모를, 그러나 피해서는 안 될 주제를 다루려고 합니다. 식민지배는 세계사에서 공식적으로 막을 내렸지만 그것은 피지배국가와 지배국가의 호혜적 관계 속에, 그러나 더욱 견고해진 우열관계 속에 무의식적 식민주의 사고로 남아있지요. '월드뮤직'이라는 보편적이고 호의적인 단어에서도 우리는 식민주의의 잔해를 발견할 수 있습니다. 베냉이 낳은 인물 안젤리크 키드조, 폴랭 웅통지와 함께 더 깊은 이야기를 나누도록 해요.

월드뮤직을 들어 보셨나요? 음악이 아니라 단어 자체를 말이에요. 월드뮤직, 말 그대로 세계음악인데 정말 세계 모든 곳의 음악일까요? 저는 이 월드뮤직이라는 단어를 갖고서 아프리카에 대해 우리가 저지를 수도 있는 의외의 실수에 대해 말해볼까 해요. 이를 위해 베냉이 낳은 세계적인 월드 뮤지션 안젤리크 키드조(Angelique Kidjo)와 생존하는 아프리카 대표 철학자 폴랭 웅통지(Paulin Hountondji)의 도움을 받을 예정이고요. 미리 말씀드리면 이 글은 베냉을 다룬 특수한 이야기가 아닌 아프리카에 관한 보편적인 이야기, 나아가 우리 모두에게도 해당될 이야기가 될 것 같습니다.

## 월드뮤직이 월드뮤직이 아니다?

그럼 월드뮤직이 대체 무엇인지, 그 의미에 대해 말씀드리겠습니다. 단도직입적으로, 월드뮤직은 세계음악이 아닙니다. 그것은 소위 저개발 국가 또는 제3세계 국가에 존재하는 소규모 집단의 음악, 그 중에서도 특히 서구인의 취향을 사로잡은 음악을 가리키죠. 여기서 서구인의 취향을 사로잡는다는 것은 매우 중요한 의미를 지닙니다, 그래야 월드뮤직이라는 이름표를 달고 세상에 등장할 수 있으니까요. 제 말의 신뢰도를 높이기 위해 월드뮤직에 대한 학자들의 설명을 소개하겠습니다. 영국 태생이지만 가나로 귀화한 뮤지션이자 연구자, 존 콜린스(John Collins)는 월드뮤직이 1987년 런던의 독립음반 회사들과 대중음악 기자들이 아프리카 음악의 대중성을 확장하기 위해 만든 마케팅 용어라고 설명합니다.[41] 민속음악학자 조셀린 길볼트(Jocelyne Guilbault)는 월드뮤직이란 제3세계 소수집단 음악에 현대 주류음악의 특징을 결합한 것으로 초국가적 음반회사들의 마케팅을 통해 전 세계에 대량 유통되고 있다고 설명하지요.[42]

사실 저도 아프리카 음악을 연구하기 전까지는 월드뮤직이라는 개념에 대해 진지하게 생각해 본 적이 없었어요. 불성실하긴 해도 월드뮤직 동호회 회원으로 거의 20년을 지냈는데 말이에요. 간혹 월드뮤직을 '제3세계음악'이라고 번역하는 걸 들으면 "그래? 왜 그럴까?" 하고 잠깐 고개를 갸우뚱하다가 그냥 넘어가곤 했죠. 저희 동호회도 월드뮤직의 개념과 정확하게 딱 맞아떨어지는 음악만 들

---

41) Collins, 2009: 62
42) Guilbault, 1993: 36

었던 건 아닌 것 같아요. 남미, 몽골, 티벳, 아프리카 음악 등 제3세계 음악을 듣기는 했어도 주로 듣는 건 프랑스 샹송이나 이탈리아 칸초네 같은 이른바 서구 선진국가들의 음악이었으니까요. 누구보다 곧이곧대로 월드뮤직을 해석했던 저는 심지어 영국의 브릿팝까지 감상곡으로 소개했을 정도였죠. 그때는 색다른 제가 멋지게 느껴졌는데 실상을 알고 나니 참 부끄럽기 이를 데 없네요. 저희는 그렇다 쳐도 공영방송의 월드뮤직 프로그램도 꼭 월드뮤직의 개념에 맞게 음악을 틀어주지는 않더군요. 그건 아마도 우리가 월드뮤직이라는 개념을 고안한 제1세계가 아니기 때문일 거 같습니다. 월드뮤직이란 단어 뒤에 교묘하게 숨어있는 세계의 위계질서를 식민통치 경험이 없는 우리가 감지하기란 쉬운 일이 아니니까요

의외의 사실을 알게 해준 월드뮤직의 의미를 더욱 구체적으로 알아보기 위해 베냉이 낳은 세계적 가수 안젤리크 키드조의 이야기를 해볼까 합니다. 1960년생인 안젤리크 키드조는 "아프리카 최고의 디바", "명실상부한 아프리카 음악의 여왕"으로 불렸고, 그래미 어워드에서 '월드뮤직 최고의 앨범상'을 수상하는 등, 월드뮤직계의 최정상에 올라있습니다. 아, "세계 100대 여성"에 이름을 올린 적도 있었다고 하네요. 공연 장소가 가수에게 얼마나 큰 의미를 갖는 것인지, 저로서는 잘 모르지만 노벨 평화상 수상 콘서트에서, 두 번의 올림픽 대회에서, 다수의 UN총회에서, 그리고 2010년 남아공에서 열린 FIFA 월드컵 공식 킥오프 축하 콘서트에서 존 레전드(John Legend), 샤키라(Shakira) 등 유명 팝가수들과 공연을

했다고도 해요. 또한 그녀는 유니세프(UNICEF) 친선대사로 아프리카 여성들의 교육과 학습기회를 지원하는 재단을 설립했고, 전쟁과 테러가 없는 아프리카를 만들기 위해 각고의 노력을 기울였다고 합니다. 예컨대 난민 캠프를 방문하여 그곳 사람들의 이야기를 듣고 더 나은 정책을 펼칠 수 있는 토대를 마련하는 식으로 말이지요. 사실 좋은 일을 하자고 말할 수는 있어도 행동으로 옮기기는 힘든데 안젤리크 키드조는 자신의 의지를 몸소 실천하는 몇 안 되는 아티스트로도 유명하다고 해요. 여기서 그녀의 노래《아골로(Agolo)》와 2006년 Newport Jazz Festival에서 열린 그녀의 단독 콘서트를 감상해 볼까요?

아골로 (들어 봐)

나는 보았어

자애로운 신의 얼굴과

창문을 스치는 부드러움

이 순간 절망하지 말고

어머니 지구가 우리에게 주는 사랑을 생각하자

우리가 너그럽다면 그녀는 우리의

미래를 풍요롭게 만들어줄 거야

사랑과 생명, 조국 아프리카

어머니 지구의 혜택을 마음껏 누리자

Angelique Kidjo - AGOLO

영상2. Angelique Kidjo-Full Concert
-08/13/06-Newport Jazz Festival
(OFFICIAL)

　솔직히 말씀드리면, 경쾌함과 강렬함이 극에 달한 안젤리크 키드조의 음악은 제 취향과는 조금 거리가 있었어요. 하지만 에너지 넘치는 음악을 좋아하는 분들에게는 강력 추천해 드리고 싶어요. 음악을 듣다 보면 그녀가 많은 일들을 해낼 수 있었던 건 음악에서 느껴지는 바로 그 에너지 덕분이 아닐까 라는 생각이 들더군요. 그런데 여러분, 혹시 뭔가 좀 의아하게 생각되는 게 없나요? 왜 안젤리크 키드조는 가수에 그치지 않고 사회운동가 역할도 하는 것일까요? 혹시 해야만 했던 것은 아닐까요? 서구 뮤지션들 대해서는 과하게 선을 넘지 않는 한 자유롭고 분방한 사적 생활이 예술을 창조하는 데 도움이 된다고 생각하기도 하잖아요? 그런데 월드 뮤지션, 특히 아프리카의 월드 뮤지션들에게는 공적으로 의미 있는 역할을 하기 바라는 분위기가 암묵적으로 형성되어 있는 것 같다는 느낌이 듭니다.

## 안젤리크 키드조는 가수인가? 사회운동가인가?

베냉을 비롯한 아프리카 음악은 "완전한 사회 제도(Complete Social Institution)"라 정의될 만큼 사회성을 많이 띠고 있다고 해요. 물론 우리나라에서도 시대를 함께 살아가는 음악이 사회를 등한시한다면 그 가치를 다하지 못한다고 여기겠죠. 그런데 아프리카에서는 그런 경향이 더욱 강한 거 같아요. 그래서인지 아프리카 음악은 멜로디보다 가사를 더 중시하는 경향이 있다고 하네요. 아프리카 음악이 사회성을 짙게 띠게 된 역사적 배경이 존재하겠지만 이 글에서는 논외로 하고요, 저의 짧은 식견과 오늘날의 아프리카를 연결시켜 보면 그건 아마도 아프리카에 해결되지 못한 또는 해결되기 힘든 문제들이 너무 많기 때문이 아닐까 싶어요. 여전히 아프리카를 부정적인 카테고리에 넣게 만드는 문제들, 예컨대 시도 때도 없이 발생하는 전쟁과 그로 인한 소년병 문제, 질병과 기아, 아직도 근절되지 않은 여성할례나 강제조혼과 같은 끔찍한 일들 말이에요. 이런 문제들이 아프리카 음악을 세상 사람들의 인식을 일깨우기 위한 메시지 전달자라는 수단으로 활용해야만 하는 상황으로 내몰고 있는 것이지요.

그래서 안젤리크 키드조의 음악도 이러한 아프리카의 문제들을 다루고 있고, 나아가 자본주의로 인한 소비 위주의 사회와 그에 따른 지구오염을 비판하는 내용이 주를 이루고 있어요. 인터뷰를 보면 키드조는 아프리카를 이런 부정적인 개념들과 연결시키지 않았으면 좋겠다고 하지만 결국 그녀 스스로 정치, 경제 등 아프리카 문제들을 이야기하고 있다는 걸 알 수 있지요. 그녀의 삶 역시 정치 문제와 떼어놓을 수 없었어요. 키드조는 베냉에서 프랑스, 프랑스에서 뉴욕으로 삶의 거처를 이동하는 디아스포라의 삶을 살아야 했죠. 첫번째 이동은 베냉의 정치 문제 때문이었다고 해요. 쿠데타를 통해 들어선 공산당 정부가 키드조에게 정부를 찬양하는 노래를 부르라고 강요했던 것이죠. 공산당 치하에서는 그녀가 좋아했던 음유시인 밥 딜런(Bob Dylan)의 음악도 들을 수 없었습니다. 하지만 도망쳐온 프랑스에서도 그녀는 프랑스의 식민 지배를 받았던 나라에서 온 아티스트라는 정체성을 갖고 살아야 했다죠. 그래서 뉴욕에 왔을 때, 그녀는 비로소 인간적으로나 음악적으로 더 만족을 느낄 수 있었다고 해요. 뉴욕에서 그녀는 그냥 아프리카 베냉에서 온 사람, 그리고 아티스트로 살 수 있었으니까요. 또한 서아프리카 출신 노예들이 이주한 역사를 갖고 있는 브라질이 가까워서 그곳에서 온 사람들과 정서적으로, 음악적으로 공유할 수 있는 것들이 많았다고 해요.

이렇듯 안젤리크 키드조의 삶에는 베냉의 정치와 그 시대의 흔적이 짙게 베어 있음을 알 수 있습니다. 그런 배경이 있기에 그녀가 베냉, 나아가 아프리카를 대표하는 음악가로 활동하고 명성을 얻을 수 있었겠지요. 그런데 여기서 저는 약간의 회의감을 피력하고 싶습니다. "꼭 그래야만 할까?"라는 의심 말이죠. 분명 안젤리크 키드조는 자신의 음악적 역량으로 세계인의 사랑과 인정을 받고 그 높은 자리에 올랐을 것이지만, 정치적으로 압박 받고 탈출하고 고생했던 인생사와 뮤지션으로 활동하면서 자의로든 타의로든 하게 되었던 사회적 활동으로 높은 가산점을 받았을 거라는 생각을 지울 수 없거든요. 그래서 저는 그녀에게 주어진 명예와 상이 마치 훈장인 것처럼 느껴집니다. 그런데 이건 비단 키드조만의 이야기는 아니랍니다. 아프리카를 비롯한 제3세계 뮤지션이 월드 뮤지션으로서 존재를 인정받으려면 고통의 인생사와 인도적 사회활동을 일종의 전제조건처럼 충족해야 하지요. 왜 꼭 그래야만 할까요?

## 월드뮤직에서 기대하는 것은? '진짜'의 느낌!

안젤리크 키드조의 삶을 되새기며 월드뮤직과 월드뮤직을 만드는 뮤지션에 대한 이야기를 좀 더 자세히 해볼게요. 월드뮤직은 단순히 문화예술의 한 형태로 멈추지 않고 세계에서 "정체성 표식(Marker of Identity)" 역할을 하고 있다고 해요.[43] 그렇다면 월드뮤직이 가져야 할 가장 중요한 가치란 무엇일까요? 그건 바로 그 음악이 태어난 곳, 아프리카에 대한 강한 자의식일 겁니다. 그런 자의식으로 무장된 음악은 특히 서구에 많은 월드뮤직 애호가들에게 그 음악이 "진짜(Authenticity)" 즉 진품이라는 확신을 갖게 해주죠. 그러니까 월드뮤직 소비자들에게 중요한 것은 바로 이 '진짜'라는 느낌입니다. 앞선 글로 추측할 수 있겠지만, 그 느낌은 음악도 물론이지만 그 음악을 연주하는 뮤지션, 즉 가수의 삶에서 더 많이 얻게 되는 것 같아요.

아프리카마치의 첫 번째 책 『카보베르데, 당신이 모르는 아프리카』에 등장했던 세자리아 이보라(Cesária vora)는 월드뮤직이 지녀야 할 '진짜'의 매력을 여실히 느끼게 해주는 대표 뮤지션으로 자주 언급되곤 합니다. 세자리아 이보라의 지난한 삶의 여정과 카보베르데의 주요한 문화 현상인 디아스포라, 즉 떠남으로 인한 극심한 상실감과 소속감에 대한 열망이 반영된 심오한 가사, 세계적으

---

43) Kavoori, 2009: 81

로 사랑받는 음악가가 되어 서구에서 풍요로운 삶을 살 수 있었는데도 불구하고 고국 카보베르데로 돌아가 소박한 삶을 사는 모습, "맨발의 디바"라는 닉네임에 걸맞게 카보베르데는 물론 아프리카의 가난하고 박탈당한 여성들과 연대하는 행위는 월드뮤직이 으레 가져야 하는 것으로 여겨지는 '진짜'의 느낌을 100프로 이상 충족시켰기 때문이죠. 두 말하면 잔소리지만, 안젤리크 키드조도 이 모두를 충족했기 때문에 지금의 자리에 오를 수 있었던 것이고요. 이렇듯 월드뮤직은 음악 자체의 개성과 아름다움에 더해 뮤지션의 삶과 가치관, 행위까지 평가의 대상으로 삼습니다. 그들이 아프리카다움을 얼마나 고집하는가, 아프리카를 위해 얼마나 많은 노력을 기울이는 지가 월드뮤직의 성공에 중요한 요소라는 것을 이제 잘 아시겠죠. 이쯤 되면 월드뮤직이 가볍게 들을 수 있는 음악이 아니라 바른 길을 가도록 가르쳐주는 선생님이나 교과서 같다는 느낌이 들지 않으시나요?

가족 장례식 내내 춤을 추다 발이 너무 아파 가만히 앉아 음악을 듣고 있었어요. 그런데 궁금증이 물밀듯 밀려왔죠. 삼촌에게 물었어요. "사람이 죽었는데 어떻게 춤을 출 수 있죠?" 삼촌이 대답했어요. "사람은 가도 우리는 그의 죽음이 만든 텅 빈 공간과 함께 살아야 한다. 피할 수 없는 일이지. 죽음은 우리 삶에서 사라지지 않을 테니까. 음악가이자 예술가로서 너의 역할은 사람들에게 죄책감을 갖게 하거나 그들을 가르치는 게 아니다. 사람들이 알아서 너의 노래에서 메시지를 전해 받고 그들의 삶에 너의 메시지를 녹일 거야." 삼촌의 이 말은 제가 작사를 하게 된 계기가 되었죠. 저는 다시 삼촌에게 물었어요. "그렇다면 무엇으로 노래를 만들죠? 가사는 어떻게 써야 하나요?" 삼촌은 절 보며 이렇게 대답했어요. "가사는 우리가 태어나기 전부터 있었던 전통적인 노래들을 갖고 쓰는 거야. 우리가 해야 할 일은 우리의 시대에 그 노래들을 맞추는 것이지."

- 안젤리크 키드조의 2014년 인터뷰에서[44]

위 인용문에서 우리는 음악을 시작하던 무렵 나눴던 삼촌과의 대화가 키드조의 음악 여정에 미친 영향을 볼 수 있습니다. 그런데 삼촌의 대답에서 뭔가 모순을 발견하지 않으셨나요? 삼촌은 음악가가 사람들을 가르쳐서는 안 된다고 말하면서 동시에 사람들에게 메시지를 전달하고 주입하는 것에 대해 말하고 있어요. 표면적으로 가르치는 행위를 하지 않았을 뿐이지, 그게 결국 가르치는 행위가 아니고 무엇일까요? 전통음악을 우리 시대에 맞춰서 노래를 만들어야 한다는 말도 확실히 위압적으로 들리고요. 결국 베냉, 나아가 아프리카 음악가들의 역할은 전통음악에 기반을 둔 노래로 사람들의 의식에 영향을 미치는 것이었어요. '진짜'를 고수하기 위한 전통수호와 메시지를 전달하는 사회적 활동, 이것은 아프리카 음악의 특징이지만 월드뮤직이 추구해야 할 사항이기도 합니다. 그

---

44) Kafumbe, 2014: 42-43

리고 '완전한 사회제도'로서 아프리카 음악이 월드뮤직으로 구현되었을 때, 그것은 세계인의 정치현상으로 '승화'되지요.

실제로 서구에서는 월드뮤직을 듣는 것이 일종의 정치적 연대행위로 연결된다고 합니다. 월드뮤직을 취급하는 음반회사 대부분이 인권침해와 학대를 기록하는 활동이나 공정무역을 통한 자선활동에 참여하기 때문이지요. 월드뮤직을 듣는 사람들은 그 회사의 CD를 구입하는 행위만으로 이런 활동에 자연스럽게 동참하게 되고 월드뮤직 예술가들 또한 지원할 수 있게 되지요. 하지만 학자들은 바람직해 보이는 의도와 행위를 통해 서구의 월드뮤직 소비자들이 자신도 모르는 사이 새로운 식민주의적 사고를 구현할 수 있다는 우려를 표명합니다. 밥 화이트(Bob White)는 "월드뮤직이 다름을 중시하고 우리를 분리시키는 장벽을 없앤다"는 취지의 홍보 문구를 소비자들이 비판적 성찰 없이 받아들이는 문제를 언급합니다. 그런 마케팅 언어에 현혹되어 월드뮤직을 소비하는 자신을 문화적 다양성과 존중, 관용의 원칙을 준수하는 '세계시민'으로 인식하는 것 말이지요. 그 행위 자체가 월드뮤직 소비자인 자신을 월드뮤직 생산자들보다 우월한 위치에 세우고 있다는 사실을 간과한 채 말입니다.[45] 민속음악학자인 사라 와이스(Sarah Weiss) 역시 월드뮤직이 "서구와 나머지(the West and the Rest)"라는 식민주의 구도를 재현하며, 판매량 증가를 위해 자발적으로 이 구도를 마케팅 도

---

45) White, 2012: 201-202

구로 활용한다고 비판합니다.[46]

　무슨 말인지 이해가 잘 안 되실 수도, 또는 좋은 의도와 행위인데 왜 이리 부정적으로 해석할까 라는 의문이 드실 수도 있을 거예요. 앞서 월드뮤직의 개념을 설명하면서 제3세계 음악이라는 용어를 언급했던 것을 기억하시죠? 제3세계는 저개발된 주변부 국가, 즉 비서구를 가리킵니다. 그렇다면 이것에 대비되는 개념이 있어야겠죠? 그건 바로 제1세계의 개발된 중심 국가, 즉 서구입니다. 그리고 서구는 '일자(The One)', 비서구는 '타자(The Other)'로 도식화할 수도 있죠. 이렇게 완벽하게 대비되는 두 개념이 등장하게 된 배경에는 서구는 우월하고 나머지 비서구는 열등하다는 인식이 깔려있어요. 이런 인식은 제국주의, 나아가 식민통치로 역사에서 구현되었죠. 혹시 "오리엔탈리즘(Orientalism)"이라는 단어를 들어보셨나요? 네, 서양이 동양에 대해 가진 환상 말이에요. 그것은 서양이 동양을 바라볼 때 객관적 사실과 정보에 근거하지 않고 막연한 기대와 부정확한 지식을 갖고 바라보는 것을 의미해요. 오리엔탈리즘을 통해 바라보는 동양은 신비롭고 이국적이며 몽환적이기까지 하죠. 오리엔탈리즘이 발현된 가장 직관적인 예로 서양 남자가 동양 여자에게 갖는 성적 판타지를 들 수 있어요. 그런데 그 기저에는 서양 남자는 강하고 동양 여자는 약하다는 심리가 깔려있죠.[47] 요지

---

46) Weiss, 2014: 509
47) Hall, 1992: 296-303

는, 서구의 월드뮤직 마케팅 기법이 순수한 마음의 월드뮤직 애호가들의 무의식을 이런 오리엔탈리즘적 우월감으로 유도할 수도 있다는 겁니다.

이렇듯 월드뮤직에 대한 서구인의 관심과 소비 이면에 이런 서구 대 비서구, 우월 대 열등의 제국주의적 관념이 내면화되어 있을 수 있습니다. 오해하지 마셔야 할 것은, 지금 저는 일어날 수 있는 최악의 경우를 말하는 것입니다. 과거에 그것은 식민통치와 노골적인 적대감으로 나타났지만, 식민통치가 공식적으로 사라진 현대에는 그와 정반대의 호의적 행위로 교묘하게 나타나고 있지요. 몇몇 분들이 "음악이 좋아서 듣는 걸 왜 이렇게 냉소적으로 보는 거야?"라며 조금 짜증 섞인 말씀을 하는 게 들리는 것도 같네요. 그럼에도 그보다 더 많은 분들이 "음, 잘 이해되지는 않지만 그럴 수도 있겠네." 하고 고개를 끄덕이실 거라 기대하며 다음 이야기를 이어가겠습니다. 바로 아프리카 철학의 식민화를 비판한 베냉의 철학자 폴랭 웅통지의 이야기인데요, 여기서 말씀드릴 내용은 서구의 인류학자와 아프리카 민족주의자의 "비밀스러운 공모(Secret Complicity)"[48]에 관한 것입니다.

---

48) Hountondji, 2000: 6

## 폴랭 웅통지의 '비밀스러운 공모'는 보이지 않는 식민주의?

19세기 말, 오늘날 베냉의 일부 지역인 아보메이(Abomey) 왕국의 게조(Ghezo) 왕의 장례식에서 수십 명의 왕비들이 함께 묻히는 희생을 감수하며 계속 왕에게 봉사하기로 했다. 그들 대부분은 이 일에 자원했으며 자신이 선택된 것을 커다란 명예로 여겼다고 한다. 이를 두고 식민주의자들은 원시 아프리카인들이 얼마나 잔인한지를 보여주는 또 다른 증거라고 말할 것이다. 반면, 현대 (서구) 인류학자들은 이런 관습 이면에 있는 철학을 찾아내려고 애쓸 것이다. 그리고 그들은 이 의식이 흑인에게 삶과 죽음의 경계가 없다는 것을 보여주는 사례라고 말할 것이다. 삶은 죽음을 향하고 죽음은 단지 삶의 연장선일 뿐이라고 말이다. (…) (아프리카) 민족주의자들은 이렇게 결코 정당화될 수 없는 유산들을 정당화할 방법을 찾아 나선다. 그래서 명백한 서구의 발명품인 민족철학도 이런 제3세계 지식인, 특히 아프리카 철학자들의 거대한 움직임에 휩쓸리고 있다.

– 폴랭 웅통지의 2000년 논문에서[49]

왕이 죽었을 때 왕비를 비롯한 신하들까지 함께 땅에 묻히는 순장제도는 우리도 익히 들어 알고 있는 악습 중의 악습이지요. 아프리카 민족주의 철학자들도 이것이 악습임을 모르지 않을 텐데 왜

---

49) Hountondji, 2000: 7

그것에 대단히 심오한 철학이 있는 것처럼 포장하는 것일까요? 제 생각에 그건 파괴되고 상처 입었던 아프리카인의 민족 정체성을 되살리고 치유하기 위해서가 아닐까 싶어요. 썩 내키진 않지만 아프리카 민족주의 철학자들은 그럴 수 있다 칩시다, 대체 서구의 인류학자들까지 이에 동조하는 이유는 무엇일까요?

제게는 이것이 과거 자신이 저지른 식민통치에 대한 일종의 죄책감을 씻기 위한 의도적 행위로 읽힙니다. 그런데 동시에 이런 어설픈 호의가 어리석은 오만에서 비롯된 것은 아닐까라는 생각도 듭니다. 과거에는 사실에 대한 정확한 관찰 없이 상상과 부정확한 정보를 통해 타자인 비서구를 열등한 것으로 판단하여 식민통치의 명분을 쌓았다면, 오늘날에는 눈에 뻔히 보이는 오류와 부당함마저도 옳고 정당한 것으로 포장하여 제대로 된 발전을 저해하는, 보이지 않는 식민주의를 자행하고 있는 것이죠. 서구가 식민통치에 대한 일종의 죄의식 이른바 부채감을 스스로 보상하기 위해 아프리카 어느 국가의 어느 정권이 무능하고 부패한 걸 알면서도 "눈먼 원조(Blind Aid)"를 지속하는 것이 그 구체적 예가 될 것입니다. 막대한 원조자금이 신뢰할 수 없는 정권의 주머니에 들어가면 절대 국민들을 위해 나오지 않지요. 그것을 저는 '어설픈 호의'라고 단편적으로 명명했지만 이면에는 우리가 잘 알지 못하는 이익에 대한 교묘한 계산이 반드시 깔려 있을 거라고 생각합니다. 따라서 저는 아프리카 민족주의자들이 서구 학자들의 동조에 힘입어 민족 정체성 수호를 위해 부당한 오류마저 타당한 것으로 만드는 자신의 행위가 아프리카를 오히려 나락으로 끌어내리고 있다는 사실을 알고는 있는 건지, 또는 알면서도 그러는 건지 궁금합니다.

영상3. How systematic are the African so-called indigenous knowledge systems (IKS)? Paulin Hountondji (아프리카의 소위 토착 지식체계로 불리는 것들은 얼마나 체계적인가? 폴랭 웅통지)

　월드뮤직 애호가들의 아프리카 진정성 수호 노력은 아프리카의 민족주의 철학자들이 가장 반길 만한 성질의 것일 겁니다. 월드뮤직이라는 카테고리에 아프리카 음악을 가둔 것, 아프리카 음악이 진품, 즉 '진짜'이기를 바라고 그 안에서만 머무르기를 바라는 것이 궁극적으로 아프리카 음악을 진정한 전 세계 대중음악으로 발돋움하는 것을 막고 있다는 것을 인지하지 못한 채 말이지요. 안젤리크 키드조가 그래미 어워드에서 받은 상은 '그냥' 음악상이 아닌 '월드' 뮤직상이었습니다. 월드라는 광범위하고 보편적인 타이틀을 내세웠지만 실제로는 '타자'라는 틀 속에 갇힌 허울좋은 상이었지요. 모든 상들이 장르별로 구분되어 있지 않느냐고 반문할 수도 있지만, 월드뮤직은 순수한 장르적 구분이 아닐 뿐더러 단어 자체에 세계체제의 우열관계가 반영되어 있다는 것을 잊지 말아야 합니다. 아이러니하게도 이런 프레임은 아프리카 정치가들을 비롯한 이른바 엘리트들에게 결코 불리한 것이 아닙니다. 이 정해진 틀 속에서 그들의 이익이 보장되기만 한다면 말이지요. 지금 저의 귓가에는 부채감으로부터 자유로워진 서구가 그들을 향해 "이거나 먹고 떨어져!"라고 말하는 소리가 들리는 것 같네요.

## 경계에 서있는 한국인의 '보이지 않는 식민주의' 부수기

혹시 저의 표현이 거칠게 느껴질 수도 있을 거 같아 걱정이 됩니다. 하지만 아프리카 이야기는 언제나 그렇듯 매우 복잡하고 때로는 이해하기 힘든 모순들로 가득해서 저도 모르게 강한 말투로 말하게 되는 것 같아요. 또한 지금까지 이야기가 잘 이해되지 않는다면, 이것 역시 본질적으로는 인간에 대한 이야기이기 때문에 우리

내면의 복잡하고 모순된 심리 또는 사악한 감정에 대입해 보면 이해가 훨씬 쉬워질 수 있을 것 같습니다. 예컨대 우리의 가장 깊은 곳에 똬리를 틀고 있는 남보다 잘나고 싶은 욕망, 나보다 못하다고 생각되면 절로 무시하는 마음, 더불어 남의 것을 빼앗는 것으로 모자라 짓밟아 버리고 싶은 욕구 또는 반대로 힘있어 보이는 것에 대해서는 시키지 않아도 복종하는 심리, 그리고 그 모든 것을 안에 갖고 있으면서도 겉으로는 한없이 관대한 사람처럼 행동하는 것들을 떠올린다면 말이지요.

자, 우리 앞에 놓인 '비밀스러운 공모', 즉 보이지 않는 새로운 식민주의에 대해 폴랭 웅통지는 어떤 해결책을 제시하고 있을까요? 그는 잘 들리지 않지는 않지만 어디선가 웅얼거리는 소리들에 귀를 기울이라고 말합니다. 아보메이의 게조 왕의 장례식에 함께 묻힌 왕비들이 묻히기 전에 냈던 거부의 목소리, 그들의 부모, 형제, 친척, 혹은 몰래 있었을 지도 모르는 연인들의 한 맺힌 절규를 말이지요. 왕의 어릿광대나 풍자가들이 이 파렴치한 부조리를 어떻게 묘사했을지, 그저 권력이 두려워 옹호했을지, 자신의 본분을 잊지 않고 비판했을지도 확인해봐야 할 것이고요[50] 즉, 하나의 현상을 왕이라는 주도적 인물의 입장만이 아니라 억압받는 자들의 시선으로도 봐야 한다는 뜻이겠지요. 권력자가 정의내리고 제시하는 단 하나의 정해진 틀로만 현상을 볼 것이 아니라 그 내부에 존재하는

---

50) Hountondji, 2000:7-8

수많은 이야기들을 통해 다각도로 볼 수 있어야 합니다. 그러나 웅통지도 기득권이 세워놓은 단단한 벽을 깨부수고 다른 소리를 듣는 것이 쉽지 않다는 것을 인정합니다. 너무나 힘든 나머지 이젠 그렇게 할 생각조차 하지 않는 지경에 이르렀죠. 그럼에도 그는 인권, 평등, 신의 사랑 같은 보편적이지만 공허한 언어들을 내지르고 아무 것도 하지 못할 것이 아니라 작더라도 우리가 할 수 있는 구체적인 행위를 하자고 주장합니다.

웅통지의 이 말을 지금까지 말한 월드뮤직에 적용해 본다면, 월드뮤직 음반사가 표방하는 마케팅 언어, 즉 세계시민 연대 같은 거대하고 공허한 말이 지닌 함의와 이면을 좀 더 구체적이고 날카롭게 파악하는 행위로 구현될 수 있을 거 같아요. 예컨대 서구 음반사들이 아프리카 뮤지션들을 어떻게 대하는가, 둘 사이의 실질적 관계와 이익 배분 문제 또는 세계적으로 성공하고 싶은 욕망을 이용하는 것과 같은 세세한 문제들이 듣기 좋은 '착한' 문구 뒤에서 일어날 수도 있다는 사실을 염두에 두는 것 말이죠. 이것은 다시 말해, 서구 음반사와 그들이 가공한 월드뮤직의 표면적 모습에만 현혹되지 말아야 한다는 거예요. 물론 저는 이런 사례가 매우 드물 거라 믿고 있어요. 하지만 소수의 사례일 지라도 그것이 존재한다면 문제의식을 갖고 바라볼 필요가 있겠죠. 부끄러운 이야기이지만 우리나라의 한 '아프리카 박물관'에서 아프리카 무용수들에게 월급도 제대로 주지 않고 비인간적인 대우를 하며 강제로 공연을 시킨 적이 있었어요.[51] 그런 사실을 모르는 한국인 관람객들은 아프리카 무용수들이 우리나라에서 춤을 추는 장면을 그저 신기하게 바라보며 "그래, 이게 바로 지구촌이지"라는 생각을 하지 않았을까요? 눈앞에 보이는 것에 매혹되어 정작 뒤에서 일어나는 일은 상상조차 할 수 없을 테니까요. 왕의 장례식에 함께 묻혀야 했던 왕비들처럼 박물관장의 횡포에 맞서 저항할 수 없었던 아프리카 무용수들의 이야기를 듣는 것은 우리의 의식이 깨어있고 귀가 열려 있을 때 가능한 일입니다.

이제 우리가 할 수 있는 구체적인 행위로 초점을 옮겨볼게요. 이 글을 읽는 독자들이 거의 모두 한국인일 거라 생각하고 '우리'라는 용어를 사용하겠습니다. 우리는 서구를 기준으로 하면 비서구지만, 제1세계와 제3세계 또는 중심부와 주변부를 기준으로 할 때에는 두 곳 어디에도 확실히 속하지 않는 경계에 놓여있는 것 같습니다. 한국전쟁의 폐허에서 이룩한 놀라운 경제발전으로 우리의 위치가 점점 서구에 가까워진 것이지요. 게다가 최근 한국의 음악그룹 BTS의 세계적 인기와 빌보드차트 1위 석권, 한국 영화《기생충》의 아카데미상 4개 부문 수상으로 한국 문화예술의 위상이 많이 높아졌어요. 특히 영화《기생충》이 그래미 어워드의 월드뮤직상과 같은 맥락의 외국어 영화상이 아닌 작품상을 받았다는 사실은 이 주제와 관련해서 주목해야 할 부분입니다. 그건 한국영화가 서구로

---

51) 아프리카박물관, 치료 막고 월급 절반 '싹둑'. 노컷뉴스. 2014.02.19.
https://www.nocutnews.co.kr/news/1187433

대표되는 주류 영화계에서 당당히 선두에 섰다는 뜻이기 때문이죠. 그 위치에서 우리는 세계 문화계에 존재하는 보이지 않는 식민주의를 어떻게 대해야 할까요?

사실 제가 여러분께 이러이러한 행위로 보이지 않는 식민주의에 맞서자고 말씀드릴 깜냥은 안 되지만 불현듯 떠오르는 소박한 아이디어들을 공유할까 해요. 우리의 높아진 문화적 위상과 관련해서 과거에는 서구의 인정과 찬사가 너무나 자랑스러웠다면 이제는 그것이 매우 당연한 것 또는 별로 놀랍지도 않고 중요하지도 않고 바라지도 않는 것이라고 오만해 보일 만치 덤덤하게 받아들이면 어떨까요? 마치 서구에서 주는 상을 황송하다는 듯이 받는 일은 이제 더 이상 없었으면 좋겠어요. 이러한 변화에 큰 의미를 부여하자면, 제1세계 문화에 대한 동경으로부터 해방되는 첫걸음, 제1세계와 제3세계의 도식을 깨뜨리는 시발점이라고 말할 수 있겠지요. 그리고 아프리카 연구자라는 제 개인적 입장과 관련해서는, 앞서 말씀드린 서구 인류학자들의 거짓된 호의를 반면교사로 삼아 아프리카는 언제나 약자의 위치에 있었기 때문에 무조건 옳다는 말도 안 되는 억지를 부리지 않으려 합니다. 월드뮤직을 즐겨 듣는 사람으로서는 그것이 꼭 아프리카를 위한 사회적 메시지를 내야 한다는 강박관념을 버릴 것이며, 월드뮤직을 듣는다는 사실 하나만으로 나도 모르게 스스로에게 부여했을 수도 있는 도덕적 우월감 또한 내던질 것입니다. 여러분은 어떤 구체적 행위들이 떠오르시나요? 모두 각자의 위치와 입장에서 자신이 할 수 있는 작은 일들을 생각해 보면 재미도 있고 의미도 있을 거 같네요.

## 월드뮤직은 월드뮤직이다!

그런데 고백해야 할 게 있어요. 앞서 저는 아프리카마치의 첫 번째 책 『카보베르데, 당신이 모르는 아프리카』에서 세계적인 월드뮤지션 세자리아 이보라에 대해 쓴 적이 있었다고 말씀드렸죠. 이번 글을 쓰기 위해 처음으로 노래를 들어야 했던 안젤리크 키드조의 경우와 달리 세자리아 이보라의 음악은 글을 쓰기 꽤 오래 전부터 들어왔고 좋아했었어요. 그리고 글을 쓰기 위해 이보라의 삶을 자세히 조사하면서 그녀를 좋아하고 심지어는 존경하게 되었죠. 그렇게 된 데는 저 또한 그 '진짜'라는 느낌에서 자유로울 수 없을 거 같아요. 그녀의 음악이 흔히 듣는 서구의 팝송과 다를 바 없었다면, 그리고 그녀의 삶이 카보베르데의 역사를 반추하지 못했다면 지금처럼 그녀와 그녀의 음악에 그렇게 높은 가치를 부여했을까요? 마치 서구의 월드뮤직 애호가들이 순진하게 추구하는 가치인 것마냥 말했지만 월드뮤직을 조금 들어봤다고 하는 저 역시도 각각의 월드뮤직 작품들이 마땅히 갖고 있어야 할 고유성, 그 '진짜'라는 느낌을 추구했던 것입니다. 그렇다면 지금까지 관점에 따라서는 뭔가 불만에 가득 찬 것 같은 어조로 이 긴 글을 쓴 궁극적인 이유는 과연 무엇이었을까요?

휘몰아치듯 글을 쓰다 마무리해야 할 시점에 이르러 마음을 가다듬고 생각해봅니다. 저는 자본을 비롯한 권력을 가진 세력이 주도하는 아젠다나 미디어가 진실인 것으로 말하는 것들을 무조건 받아들이거나 믿지 말고 일단은 '의심'을 하자고 말하고 싶었던 것 같습니다. 이른바 권위자의 말을 권위자의 말이라는 이유만으로, 또는 좋은 의미를 표방하는 말을 좋은 의미를 표방하고 있다는 이유만으로 맹신하지 말자는 거죠. 그러다가 정말 중요한 것을 놓치게 될 지도 모르니까요. 실제로 아프리카를 비롯한 식민주의를 경험한 국가나 대륙이 그런 결과를 맞이했던 것은, 물론 내부의 정치적 문제도 있겠지만 근본적으로는 서구로 대표되는 외부세력과 그들의 말을 쉽게 믿고 자신의 것을 쉽게 내주었기 때문이었습니다. 원주민들은 서구세력이 등 뒤에 총을 숨기고 있다는 것은 상상도 하지 못한 채 그들의 너무나 다른 외모에 놀라고 감언이설에 현혹되었습니다. 그 결과 자신의 땅을 찾아온 것에 대한 고마운 마음만 앞서서 자신에게 소중한 것들을 '선물'로 내놓았지요. 서구 외세는 그런 원주민에게 선물로 손님을 대접하는 관습이 있다는 것은 알려고 하지 않은 채 (혹은 알고도 모른 척 한 채) 자신의 우월한 힘을 경외해서 선물을 바치는 것이라고 자의적으로 해석하고 그것을 둘 사이의 당연한 관습으로 만들었고요.[52] 가파르게 기울어진 관계를 깨달았을 때, 이미 원주민의 모든 것들은 서구 침입자들의 손에 들어간 뒤였죠.

---

52) Hall, 1992:305

이것이 월드뮤직과 무슨 상관이 있냐고요? 상관이 많이 있습니다. 서구 음반사들이나 미디어는 고유한 지역성을 지니고 서구의 취향에도 부합하는 비서구 제3세계 음악을 월드뮤직으로 명명했습니다. 또한 그것을 좋아하고 듣는 것을 소외된 곳의 음악에 대한 호혜적 행위로 무의식적으로 여기게 만들었지요. 그것은 예컨대 아프리카의 음악을 아프리카 원주민이 내놓은 선물처럼 받아들이는 또 다른 식민주의적 행태에 다름 아닙니다. 심지어 서구인의 취향을 충족해야 한다는 전제조건까지 있으니 선물로 해석될 여지는 다분하죠. 그러나 이제 서구는 그들의 공식적 식민통치자가 아닐뿐더러 과거 식민통치를 부끄러워하고, 현재에도 공공연히 또는 암암리에 일어나는 비공식적 식민통치를 비판하고 있습니다. 그것이 때로는 잘못 발현되어 앞서 말한 서구 인류학자들의 무분별한 아프리카 감싸기가 일어나기도 하지만요. 어쨌든 그런 정신적 각성이 되어 있는 상태에서 단 한 번 의심을 하지 않아서 자기도 모르게 또 다른 식민주의에 연루되면 억울하지 않을까요? 물론 우리 한국인은 식민통치를 하기는커녕 당했던 입장으로 서구보다 아프리카를 더 닮은 역사를 갖고 있어요. 하지만 보이지 않는 새로운 식민주의를 저지르거나 그것에 또 다시 당하지 않도록 스스로를 단련시킨다고 해서 나쁠 것은 없겠지요?

그렇다면 우리는 월드뮤직을 어떻게 대해야 할까요? 새로운 식민주의의 화신이니 처단해야 옳을까요? 절대로 그건 아니겠죠. 우리는 서구가 내세운 월드뮤직의 편협한 정의를 거부해야 합니다. 그리고 처음에 우리가 생각했던 월드뮤직의 본래 뜻인 '세계음악'으로 월드뮤직을 바로 세워야 합니다. 그 안에는 아프리카 음악, 아시아, 라틴 아메리카 음악뿐만 아니라 미국을 비롯한 북아메리카 음악, 영국, 독일, 프랑스와 같은 주요 식민통치 국가들의 유럽 음악이 서로의 '다름'을 알고 각자의 '진짜'를 뽐내며 우정을 나누고 있지 않을까요? 그러고 보니 제가 속한 월드뮤직 동호회는 진정한 월드뮤직을 구현하고 있었던 거였네요. 아프리카, 남아메리카, 아시아 음악은 물론이고 프랑스 샹송과 이탈리아 칸초네, 브라질 보사노바 등 세계 모든 곳의 음악들을 차별하지 않고 들었으니까요. 특히 저는 브릿팝을 소개하기도 했는데 영국이야 말로 제국주의와 식민주의의 대표 아니겠어요? 앞에서 부끄럽다고 한 말은 취소할게요.

와, 이제 이 복잡하고 험준한 생각 지형도의 끝자락에 도달한 것 같습니다. 이 글의 모티브가 되어 준 베냉의 가수 안젤리크 키드조와 철학자 폴랭 웅통지에게 감사를 전합니다. 무엇보다 이 길을 끝까지 함께 걸어주신 여러분께 경의를 표합니다. 뜬금없는 수상소감 같더라도 이해해 주세요. 그리고 우리가 도착한 지점의 팻말에는 이런 글귀가 새겨져 있네요.

"월드뮤직은 월드뮤직이다!"

---

마치
우연인 줄 알았던 아프리카와의 만남이 어언 10년이 되어가니 이제 필연이었다고 말해도 괜찮을까? 그런데도 아주 가끔은, 아프리카 문화와 인연하고 있는 현실이 신기하게 느껴질 때가 있다.

# 베냉에 대해 알고 싶어요.

정식 국호는 베냉공화국(Republic of Benin)입니다. 1975년 11월 다호메이 (Dahomey)에서 베냉으로 국명을 개칭했습니다. 베냉의 국토 면적은 11만 2,622㎢로 한반도의 절반 정도 되는 크기입니다. 인구는 약 1,375만 명으로, 수도는 포르토노보이며, 코토누(Cotonou)는 최대 도시이자 경제상업 중심 지입니다.

## 베냉은 어디에 있나요?

베냉은 아프리카 대륙의 서쪽에 위치해 있고, 국토는 좁고 긴 형태로 열쇠 모양을 띠고 있습니다. 베냉의 동쪽은 나이지리아, 북쪽은 니제르, 부르키나 파소, 서쪽은 토고에 접합니다. 니제르와의 국경에는 니제르(Niger) 강, 부르 키나파소와의 국경에는 볼타(Volta) 강의 지류가 흐르고, 북부에서 발원하 는 오크파라(Okpara) 강이 국토를 거의 남북으로 관류하여 기니만으로 흘 러듭니다.

국토가 남북으로 길기 때문에 위도와 지형적 조건에 따라 무성한 저습지대 인 해안가 맹그로브, 열대우림의 낮은 구릉지대, 삼림이 많은 구릉지대 등 상이한 3개 자연지대가 나타나요.

## 베냉 날씨는 어떤가요?

남부는 고온습윤한 열대우림기후로 3-7월, 9월 하순-11월 두 차례의 우기가 있습니다. 북부는 사바나기후로 우계와 건계가 뚜렷하며 남부에 비하여 건조하고 야간에는 기온이 급강하한다고 해요. 우기가 끝날 무렵에는 기온이 45℃에 이르기도 합니다.

12월부터 이듬해 3월까지는 사하라 사막에서 먼지를 동반한 건조한 바람인 하마탄(Harmattan)이 부는 건기에요. 이 시기에는 눈병과 기관지 관리에 유의해야 하고 외출 후 반드시 손발을 씻어야 합니다.

## 어떻게 가야 하나요?

대한민국 일반여권 소지자의 경우, 비자가 필요해요. 비자는 E-Visa를 발급받거나(https://evisa.bj/), 도착비자도 가능합니다. 단, 도착비자를 발급받기 위해서는 △베냉에 거주 중인자의 초청을 받은 경우에는 이민국에 사전입국 승인요청이 필요하며, △ 베냉 내 체류 지역, 기간, 목적(필요 시 관련 서류 제출)이 분명해야 합니다.

비자 관련 사항은 언제든 변경될 수 있으니 방문 전 반드시 재확인이 필요합니다. 또한 코로나19 예방조치에 따른 출입국 정보도 꼭 파악하시기 바랍니다.

한국에서 베냉을 바로 가는 항공편은 아직 없습니다. 터키항공을 타고 이스탄불(Istanbul)과 아비장(Abidjan)을 거치거나, 에어프랑스를 통해 파리를 거쳐 코토누로 들어가는 경로가 가장 대표적입니다.

## 어떤 돈을 쓰나요?

공식통화는 서아프리카 세파프랑(XOF, CFA)입니다. 오늘날 서아프리카에서는 베냉을 포함한 8개국(베냉, 부르키나파소, 코트디부아르, 기니비사우, 말리, 니제르, 세네갈, 토고)이 서아프리카 세파프랑을, 6개국(적도기니, 가봉, 카메룬, 콩고, 차드, 중앙아프리카공화국)이 중앙아프리카 세파프랑을 각각 통화로 사용하고 있으며, 1유로 당 655.957 세파프랑으로 고정 환율제가 적용되고 있습니다.

## 어떤 말을 쓰나요?

공용어는 프랑스어입니다. 프랑스어를 포함해 약 55개의 언어가 베냉에서 사용되고 있는데, 남부 지역에서는 폰과 요루바어가, 북부 지역에서는 바리바(Bariba)와 풀풀데(Fulfulde)가 주요 토착어로 알려져 있습니다.

## 다호메이 왕국에 대해 알고 싶어요.

다호메이(Dahomey) 왕국은 1600년경부터 1904년 사이 오늘날 베냉 지역에 있었던 왕국입니다. 1700년대에 대서양 연안의 거점 도시들을 정복하며 세력을 넓혀나갔습니다. 한 때 오요(Oyo) 제국의 속국이 되기도 하였으나, 속국에서 벗어난 뒤 지역의 패권을 잡고 대서양 노예무역의 주요 공급자가 되었지요. 18세기에서 19세기에 걸쳐 아메리카와 유럽 대륙으로 끌려간 노예의 20% 정도가 다호메이에 의해 공급된 것으로 추정됩니다. 1894년 다호메이는 프랑스의 식민지가 되어 '프랑스령 다호메이'로 불리게 되었는데 여기에는 주요 항구였던 포르토노보와 다호메이 왕국의 북부 지역 대부분이 포함되었습니다. 1960년 '다호메이 공화국'이라는 이름으로 프랑스로부터 독립하였고, 이후 1975년 국명을 '베냉'으로 바꾸었습니다.

다호메이 왕국은 당시 유럽과의 국제 무역을 통해 지역 경제를 장악했을 뿐만 아니라. 과세 체계와 군사 조직을 정비하여 중앙집권적인 왕국을 이루어 번성했던 것으로 유명하지요. 또한 '다호메이 아마존(Dahomey Amazons)'으로 알려진, 여성으로만 이루어진 전투부대 때문에 더 잘 알려져 있습니다. 다호메이의 여성전사는 미노(Mino 또는 Minon, '우리의 어머니'라는 뜻)라고 부르거나 아호시(Ahosi, '왕의 부인'이라는 뜻)라고 불렀어요. 처음에는 왕녀에 의해 왕의 경호부대로 창설되었다가 이후 정벌 전쟁에 참여해 큰 공을 세웠다는 전설이 내려오고 있습니다.

훈련도 매우 혹독했대요. 강인한 체력 훈련을 받고 생존기술을 배우며, 고통과 죽음을 극복하는 정신교육을 받았다고 합니다. 복무기간에는 결혼을 하거나 아이를 낳을 수도 없었지요. 하지만 여성전사들은 폰(Fon)의 신앙에 의해 성스러운 존재로 대우받고 상위계층으로 갈 수 있는 기회가 주어졌으며 부와 권력도 누릴 수 있었습니다.

미노 군단은 프랑스와의 전쟁에서 용감하게 싸우다 전사한 것으로 전해집니다. 프랑스는 19세기 말, 두 차례에 걸쳐 다호메이 왕국과 전쟁을 벌여 이 나라를 식민지로 만들었는데, 1890년 1차 전쟁에서 프랑스군은 미노 군단의 뛰어난 백병전에 놀라움을 금치 못했다고 하네요. 그러나 프랑스 군대의 무기와 화력에 결국 다호메이 군대는 패배하고 말았고, 프랑스는 식민통치와 동시에 미노 군단을 해체했습니다.

## 베냉의 정치와 경제가 궁금해요.

베냉은 대통령 중심제 공화국으로 대통령이 국가원수이며 행정수반입니다. 대통령은 5년 임기로 연임이 가능하고, 국민의 직접 선거에 의하여 선출되죠. 2021년 5월 재선에 성공한 파트리스 탈롱(Patrice Talon)이 현 대통령입니다. 의회는 단원제이며 정원은 83명, 임기는 4년입니다.

우리나라와는 1961년 수교했다가 1975년 베냉 측의 단교 통보가 있었고, 1990년 10월에 다시 수교를 맺었습니다. 아직 공관은 없어요. 주 가나 한국대사관에서 베냉을 겸임하고 있습니다. 우리나라에도 베냉대사관은 없어, 주 중국 베냉대사관에서 겸임하고 있습니다.

베냉의 주력 수출 상품은 면화입니다. 이외 금, 캐슈넛, 구리도 주요 수출품이며, 2019년 기준으로 이웃인 나이지리아(25%)가 가장 큰 수출상대국입니다. 나이지리아 이외에는 방글라데시(14%), 아랍에미리트(14%), 인도(13%), 중국(8%), 베트남(5%) 순인데, 특히 아시아 국가에의 수출이 활발하네요. 주요 수입품으로는 쌀, 자동차 등이 있고 중국(28%)과 태국(9%), 인도(8%)가 가장 큰 수입상대국입니다. 역시 중국을 위시한 아시아 국가들이 상위에 포진되어 있군요.

베냉 정부는 인프라, 교육, 농업, 거버넌스에 대한 투자를 통해 국가개발을 추진해오고 있습니다. 다른 중저소득 국가들과 마찬가지로, 인프라 등의 분야에서 민간 외국인직접투자보다는 해외 원조가 차지하는 비중이 큽니다. 베냉의 최대 도시이자 경제상업 중심지인 코토누는 니제르, 나이지리아의 수출항으로, 코토누항의 수입은 베냉 국가예산의 40%이상을 차지하고 있습니다.

## 참고문헌

# 다호메이의 잊힌 지식인,
# 코조 토발루 우에누

### 주요 참조 페이지
Kojo Tovalou Houenou. (2004). Emile Derlin and Luc Zouméénou, Maisonneuve & Larose
도입부: 44쪽, 132쪽
아프리카 아이의 어린시절 - 19세기 말 변혁의 다호메이: 25-37쪽, 44-47쪽
'프랑스인다움'을 배우다 - 보르도에서 파리로: 52-60쪽
그래서 하고 싶은 말은 - 난해한 제목의 책: 97-109쪽, 99쪽(주석), 108쪽(주석)
식민지 삶의 현장 - 포르토 노보: 111-121쪽
다시 파리로 - 사건의 진실: 122--136쪽, 141-146쪽, 177-178쪽, 186쪽, 137쪽(주석)
파리와 할렘을 잇다 - 두 흑인 지도자들과의 교류: 146-150쪽
토발루를 회상하며: 7-12쪽

### 문헌자료 및 사이트
M'Baye, Babacar. (2006). "Marcus Garvey and African Francophone Political Leaders of the Early Twentieth Century: Prince Kojo Tovalou Houenou Reconsidered". Journal of Pan African Studies. Vol. 1, No. 5.
Origunwa, Obafemi. (2015). Fundamentals of Órísà Lifestyle. Lulu.com.
Semley, Lorelle D. (2014). "Evolution Revolution and the Journey from African Colonial Subject to French Citizen". Law & History Review. Vol. 32, No. 2.
Stokes, Melvyn. (2009). "Kojo Touvalou Houénou: An Assessment". Transatlantica.
Stovall, Tyler Edward. (1996). Paris Noir. Houghton Mifflin Company.
Zinsou, Emile Derlin and Luc Zouménou. (2004). Kojo Tovalou Houenou. Maisonneuve & Larose.
에릭 매슈스. 『20세기 프랑스 철학』 김종갑 옮김, 동문선, 1996
이경원. 『검은 역사 하얀 이론』 한길사, 2011
이경원. 『파농』 한길사, 2015
이재원. 「제1차 세계대전과 프랑스의 식민지인 병사」 한국프랑스사학회, 프랑스사 연구 제31호, 2014

1914-1918: l'Afrique a payé un lourd tribut à "la Grande guerre"
https://www.francetvinfo.fr/monde/afrique/societe-africaine/1914-1918-l-afrique-a-paye-un-lourd-tribut-a-la-grande-guerre_3056303.html

A Man Walks Into A Bar; or the possibilities of the individual in international history.
https://jhiblog.org/2018/02/26/a-man-walks-into-a-bar-or-the-possibilities-of-the-individual-in-international-history/

Benin History Timeline
https://www.nationsonline.org/oneworld/History/Benin-history-timeline.htm

Emile Derlin Zinsou, l'un des pères fondateurs de l'Afrique moderne
https://www.rfi.fr/fr/hebdo/20160805-emile-derlin-zinsou-kerekou-benin-grands-africains-democratie-panafricain

FRANCE: Jim Crow Scandal
https://content.time.com/time/subscriber/article/0,33009,716361,00.html

Kojo Tovalou Houénou (1887-1936)
https://black-destiny.skyrock.com/641442470-Kojo-Tovalou-Houenou-1887-1936.htm

Kojo Tovalou Houénou, precurseur, 1887-1936: pannegrisme et modernite (review)
https://muse.jhu.edu/article/182022

LOUIS HUNKANRIN 1886-1964 : A DAHOMEYAN NATIONALIST ?
https://babilown.com/2012/03/01/louis-hunkanrin-1886-1964-a-dahomeyan-nationalist-2/

LIGUE UNIVERSELLE POUR LA DEÉFENSE DE LA RACE NOIRE (1924)
https://www.blackpast.org/global-african-history/ligue-universelle-pour-la-defense-de-la-race-noire-1924/

Porto-Novo, Benin (16th Century-)
https://www.blackpast.org/global-african-history/porto-novo-benin-16th-century/

Race, politics, and censorship: D. W. Griffith's The Birth of a Nation in France, 1916-1923
https://go.gale.com/ps/i.do?p=AONE&u=googlescholar&id=GALE|A245114978&v=2.1&it=r&sid=googleScholar&asid=22b2cd8c

The Racist Caricatures of African Soldiers that Soothed French Colonial Anxieties
https://hyperallergic.com/380053/the-racist-caricatures-of-african-soldiers-that-soothed-french-colonial-anxieties/

≪ Y a bon Banania, y a pas bon Taubira ≫ : retour sur le détournement d'une publicité très coloniale
https://blog.francetvinfo.fr/deja-vu/2013/11/19/y-a-bon-banania-y-a-pas-bon-taubira-retour-sur-le-detournement-dune-publicite-tres-coloniale.html

블레즈 디아뉴
ttps://www.hankookilbo.com/News/Read/201605110454077932

[심지영의 문화톡톡] 마들렌의 초상에서 바나니아까지
http://www.ilemonde.com/news/articleView.html?idxno=1147

할렘을 대표하는 두 흑인 운동가의 대조적인 생애
https://worldtoday.tistory.com/73


사진자료
〈그림1〉 출처
https://en.wikipedia.org/wiki/Dahomey

〈그림2〉 출처
https://snl.no/Porto-Novo

〈그림3〉 출처
https://www.blackpast.org/global-african-history/1924-prince-marc-kojo-tovalou-houenou-problem-negroes-french-colonial-africa/

〈그림4〉 출처
https://digitalcollections.nypl.org/items/510d47de-0ae9-a3d9-e040-e00a18064a99

〈그림5〉 출처
https://en.wikipedia.org/wiki/B%C3%A9hanzin

〈그림6〉 출처
https://commons.wikimedia.org/wiki/File:Tirailleurs_s%C3%A9n%C3%A9galais_bless%C3%A9s,_h%C3%B4pital_temporaire_de_Saint-L%C3%A9onard,_1914-1918.jpg

〈그림7〉 출처
https://en.wikipedia.org/wiki/Blaise_Diagne

〈그림8〉 출처
https://en.wikipedia.org/wiki/Ren%C3%A9_Maran

〈그림9〉 출처
https://digitalcollections.nypl.org/items/510d47e1-40ad-a3d9-e040-e00a18064a99

〈그림10〉 출처
https://en.wikipedia.org/wiki/Marcus_Garvey

〈그림11〉 출처
https://en.wikipedia.org/wiki/W._E._B._Du_Bois

〈그림12〉 출처
https://commons.wikimedia.org/wiki/File:Emile_Zinsou_(cropped).jpg

〈그림13〉 출처
https://digitalcollections.nypl.org/items/510d47e2-7695-a3d9-e040-

# 베냉의 영혼,
# 부두교

## 문헌자료 및 사이트

Davis E. W. (1983). "The ethnobiology of the Haitian zombi. Journal of ethnopharmacology". 9(1). p. 85-104.

Marc Lallanilla. How to Make a Zombie (Seriously). Livescience. 2013.10.25.

Michel Étienne Descourtilz. (1809). Voyages d'un naturaliste.
https://archive.org/details/voyagesdunnatur00descgoog

Moreau de Saint-Méry. (1797). Description topographique, physique, Civile, politique et historique de la partie française de l'isle Saint-Domingue.
https://archive.org/details/MoreauStMeryQ22916106/page/n19/mode/2up

라에네크 위르봉(Laënnec Hurbon). 『부두교 왜곡된 아프리카의 정신』. 시공사. 1997. 주도미니카공화국대사관. 아이티 알기 시리즈 17(좀비)

Catherine Beyer. Are Voodoo Dolls Real? Dotdash Meredith. 2019.01.24.
https://www.learnreligions.com/are-voodoo-dolls-real-95807

Barbara Bavis. Does the Haitian Criminal Code Outlaw Making Zombies? The Library of Congress. 2014.10.31.
https://blogs.loc.gov/law/2014/10/does-the-haitian-criminal-code-outlaw-making-zombies/

History.com Editors. Zombies. A&E Television Networks. 2019.06.10.
https://www.history.com/topics/folklore/history-of-zombies

## 영상자료

〈영상1〉 출처
https://youtu.be/bFdbL3WzpyQ

〈영상1〉 출처
https://youtu.be/B7BHc2zDWIU

〈영상1〉 출처
https://youtu.be/QcT4qLs6sGc

## 사진자료

〈그림1〉 출처
https://en.wikipedia.org/wiki/Slavery_in_Haiti#/media/File:Louis_XV_-_Code_noir,_1743.jpg

〈그림2〉 출처
https://www.flickr.com/photos/rapidtravelchai/8070548415/

〈그림3〉 출처
https://disney-villainous.fandom.com/wiki/Dr._Facilier?file=Dr_Facilier.png

〈그림4〉 출처
http://repeatingislands.com/2010/03/24/hector-hyppolite-exhibit/

〈그림5〉 출처
https://en.wikipedia.org/wiki/Veve

〈그림6〉 출처
https://en.wikipedia.org/wiki/West_African_Vodun#/media/File:Voodo-fetischmarkt-Lom%C3%A9.jpg

〈그림7〉 출처
https://en.wikipedia.org/wiki/West_African_Vodun#/media/File:Akodessawa_

Fetish_Market_2016.jpg

〈그림8,9〉 출처

https://en.wikipedia.org/wiki/F%C3%AAte_du_Vodoun

# 음식의 디아스포라,
# 베냉 미식여행

### 문헌자료 및 사이트

Anuradha. (2021). "What is the Difference Between Cassava and Yam". 2021.12.27.

https://pediaa.com/what-is-the-difference-between-cassava-and-yam/#Yam

Marthe Montcho & Rebecca Fenton. (2019). "When Food and Culture Are Celebrated Together: Benin's Yam Festival". Smithsonian. 2019.08.28.

https://festival.si.edu/blog/food-culture-benin-yam-festival

Difference Between Okra and Lady Finger

http://www.differencebetween.net/object/comparisons-of-food-items/vegetables-fruits/difference-between-okra-and-lady-finger/

Sauce gombo (la version béninoise !)

https://lesgourmandisesdekarelle.com/recettes-lgdk/recettes-africaines/sauce-gombo-la-version-beninoise/

정수일. 『문명의 요람 아프리카를 가다 1』. 창비. 2020

두 손에 약초.

https://seba3094.tistory.com/194 2018.08.20.

### 사진자료

〈그림1〉 출처: 저자

〈그림2〉 출처: 저자

〈그림3〉 출처
https://www.publicdomainpictures.net/en/view-image.
php?image=299794&picture=okra-pods-on-wood-table

〈그림4〉 출처
https://commons.wikimedia.org/wiki/File:Sauce_gombo_togo.jpg

〈그림5〉 출처
https://commons.wikimedia.org/wiki/File:Tubbers_of_yam_from_Damongo.jpg

〈그림6〉 출처
https://commons.wikimedia.org/wiki/File:BOILED_YAM.jpg

〈그림7〉 출처
https://commons.wikimedia.org/wiki/File:Piment_africain.JPG

〈그림8〉 출처
https://commons.wikimedia.org/wiki/File:Du_riz_%C3%A0_la_sauce_arachide_01.
jpg

〈그림9〉 출처
https://commons.wikimedia.org/wiki/File:Wokoli_avec_sauce_d%27arachide_au_
Benin.jpg

# Start-up?
# Start!

**문헌자료 및 사이트**

One World nations Online: Benin
https://www.nationsonline.org/oneworld/benin.htm

BBC News: Benin country profile 2019.04.29.
https://www.bbc.com/news/world-africa-13037572

The Big Deal:Africa.
https://thebigdeal.substack.com/

Africa's Investment Report 2021
https://briterbridges.com/africainvestmentreport2021

Face to Face Africa :How this Beninese started Africa's largest digital payments network that recently raised $100M 2022.02.08.
https://face2faceafrica.com/article/how-this-beninese-started-africas-largest-digital-payments-network-that-recently-raised-100m

Face to Face Africa :Why Benin has been named the fastest place in the world to start a business online. 2021.09.14.
https://face2faceafrica.com/article/why-benin-has-been-named-the-fastest-place-in-the-world-to-start-a-business-online

Africa CEO Forum Awards
https://awards.theafricaceoforum.com/en/

startupblink: Benin
https://www.startupblink.com/startups/benin

**영상자료**

〈영상1〉 출처
https://www.youtube.com/watch?v=GRFZIhrZAtA


**사진자료**

〈그림1〉 출처
베냉 상공회의소 www.cci.bj

〈그림2〉 출처

https://briterbridges.com/africainvestmentreport2021

〈그림3〉 출처

allafrica.com/stories/202112140012.html

〈그림4〉 출처

startupblink.com/startups/benin

# 월드뮤직과 보이지 않는 식민주의, 안젤리크 키드조와 폴랭 웅통지의 이야기를 모티브로

## 문헌자료 및 사이트

Collins, John. (2009). "Ghana and the World Music Boom". Studies across Disciplines in the Humanities and Social Sciences. Helsinki: Helsinki Collegium for Advanced Studies. Tuulikki Pietilä (ed.) World Music: Roots and Routes. p.57-75.

Guilbault, Jocelyne. (1993). "On Redefining the "Local" Through World Music". The World of Music, Vol. 35, No. 2: The Politics and Aesthetics of World Music. p.33-47.

Kafumbe, Damascus. (2014). "Middlebury College 2013-14 John Hamilton Fulton Lecture in the Liberal Arts: a public conversation with Angelique Kidjo". African Music: Journal of the International Library of African Music, Vol. 9, No. 4. p.36-53.

Kavoori, Anadam. (2009). "World music, Authenticity and Africa: Reading Cesaria Evora and Ali Farka Toure". Global Media Journal: Africa Edition, Vol. 3, No. 1. p.80-96.

Hall, Stuart. (1992). "The West and The Rest: Discourse and Power". Formation of Modernity, Hall, Stuart & Gieben, Bram (Ed.). (1992). Cambridge & Oxford: The Open University. p.275-331.

Hountondji, Paulin. J. (2000). "Tradition, Hindrance or Inspiration?" Quest, Vol. 14, No. 1-2. p.5-11.

Weiss, Sarah. (2014). "Listening to the world but hearing ourselves: Hybridity and perceptions of authenticity in world music". Ethnomusicology, Vol. 58, No. 3. p.506-525.

White, Bob W. (2012). "The promise of world music: Strategies for non-essentialist listening". Music and globalization: Critical encounters, p.189-217.
아프리카박물관, 치료 막고 월급 절반 '싹둑'. 노컷뉴스. 2014.02.19.
https://www.nocutnews.co.kr/news/1187433

**영상자료**

〈영상1〉 출처
https://youtu.be/a4dERzdBon0

〈영상2〉 출처
https://youtu.be/E8OoUU6NYWg

〈영상3〉 출처
https://youtu.be/owFwsp6Upno

**사진자료**

〈그림1〉 출처
https://images.app.goo.gl/u8bJWAK7MqrzXs4y7

〈그림2〉 출처
https://cpnn-world.org/new/?p=8843

# 부록

## 문헌자료 및 사이트

Heywood, Linda M. & John K. Thornton. (2009). "Kongo and Dahomey, 1660-1815." In Bailyn, Bernard & Patricia L. Denault. Soundings in Atlantic history: latent structures and intellectual currents, 1500-1830. Cambridge, MA: Harvard University Press.

"아프리카 흑인왕국⑥…다호메이의 여성전사". 아틀라스 뉴스. 2020.10.23.
CIA World Factbook "Benin"
https://www.cia.gov/the-world-factbook/countries/benin/

[네이버 지식백과] 베냉 (Benin, Republic of Benin) (한국민족문화대백과, 한국학중앙연구원)
https://terms.naver.com/entry.naver?docId=1101088&cid=40942&categoryId=34190

[네이버 지식백과] 베냉의 자연 (두산백과 두피디아, 두산백과)
https://terms.naver.com/entry.naver?docId=1178735&cid=40942&categoryId=33136

[네이버 지식백과] 베냉의 정치 (두산백과 두피디아, 두산백과)
https://terms.naver.com/entry.naver?docId=1178738&cid=40942&categoryId=31661

외교부, "베냉공화국"
https://www.mofa.go.kr/www/nation/m_3458/view.do?seq=154&titleNm=%EA%B5%AD%EA%B0%80%EC%A0%95%EB%B3%B4(%EB%B2%A0%EB%83%89%EA%B3%B5%ED%99%94%EA%B5%AD)

## 사진자료

### 〈그림〉 출처
https://ko.m.wikipedia.org/wiki/%ED%8C%8C%EC%9D%BC:Benin_on_the_globe_%28Africa_centered%29.svg

베냉,
우리가 몰랐던 아프리카

**종이책** 초판 발행일 2022년 9월 30일
**전자책** 초판 발행일 2022년 9월 30일

**지은이** 마담 무똥, 조주, 마마킴, 이현, 마치
**기획** 이현
**편집** 마마킴
**윤문** 마치
**홍보** 조주
**디자인** 여YEO디자인
**펴낸이** 김호빈
**펴낸곳** 5111솔 www.sol5111.page
**이메일** africa_march@sol5111.page

종이책 ISBN 979-11-970099-8-3